MARCO POLO

Toskana

Insider Tipps

Diesen Führer schrieb Ursula Romig-Kirsch. Sie lebt in der Toskana und hat viele Jahre am Deutschen Kunsthistorischen Institut in Florenz gearbeitet. Die Überarbeitung besorgte Caterina Mesina.

marcopolo.de

Die aktuellsten Insider-Tipps finden Sie unter www.marcopolo.de, siehe auch Seite 108.

MAIRS GEOGRAPHISCHER VERLAG

SYMBOLE

Insider Tipp **MARCO POLO INSIDER-TIPPS:**
Von unserer Autorin für Sie entdeckt

★ **MARCO POLO HIGHLIGHTS:**
Alles, was Sie in der Toskana kennen sollten

HIER HABEN SIE EINE SCHÖNE AUSSICHT

WO SIE JUNGE LEUTE TREFFEN

PREISKATEGORIEN

Hotels

€€€	**über 130 Euro**
€€	**60–150 Euro**
€	**unter 70 Euro**

Die Preise gelten für ein Doppelzimmer ohne Frühstück. Je nach Saison und Gegend schwanken die Preise zum Teil erheblich.

Restaurants

€€€	**über 40 Euro**
€€	**20–40 Euro**
€	**unter 20 Euro**

Die Preise gelten für ein für das jeweilige Lokal typisches Menü inklusive Brot, Gedeck und Wasser, aber ohne Wein.

KARTEN

[118 A1] Seitenzahlen und Koordinaten für den Reiseatlas Toskana

[U A1] Koordinaten für die Karte Florenz im hinteren Umschlag

[O] außerhalb der Florenzkarte

Karten zu Siena und Pisa finden Sie auf Seite 44 bzw. 75.

Zu Ihrer Orientierung sind auch die Orte mit Koordinaten versehen, die nicht im Reiseatlas eingetragen sind.

GUT ZU WISSEN

Urlaubslektüre **14** · Toskanische Spezialitäten **20** · Valdinievole **80** · Klappe! **86**

INHALT

Die wichtigsten MARCO POLO Highlights

Sehenswürdigkeiten, Orte und Erlebnisse, die Sie nicht verpassen sollten

1. **Palio in Siena**
Der Reiterkampf auf dem Campo ist das aufregendste, farbenfroheste und interessanteste Fest ganz Italiens (Seite 25)

2. **Uffizien in Florenz**
Hochkarätige Kunstschätze locken Millionen Besucher aus aller Welt – an manchen Tagen bis zehn Uhr abends (Seite 28)

3. **San Francesco in Arezzo**
Der epische Freskenzyklus von Piero della Francesca mit seinen seltsam entrückten Figuren (Seite 33)

4. **Siena**
Allein der muschelförmige Campo ist eine Reise wert in die besterhaltene gotische Stadt in der sonst von der Renaissance geprägten Toskana (Seite 39)

5. **Chianti**
Schimmernde Olivenhaine, malerische Zypressen, endlose Weinberge und dazwischen befestigte Dörfer und alte Landstädte (Seite 46)

6. **San Gimignano**
Detailverliebte Renaissancefresken und himmelstürmende Wolkenkratzer als Zeugen mittelalterlicher Machtkämpfe (Seite 48)

7. **Volterra**
Mittelalterliches Kleinod, wo schon seit etruskischer Zeit Handwerker das weiche und leuchtkräftige Alabaster bearbeiten (Seite 49)

Die Maremma: Land der Pferde

Schöne Badebucht: Populonia

8 Arcipelago Toscano
Ein Paradies für Inselhüpfer, Wassersportler, Sonnenhungrige, Wanderer und Geologen (Seite 55 und 56)

9 Parco Naturale della Maremma
Im »Wilden Westen« der Toskana treiben Viehhirten Herden frei lebender Maremmapferde, tummeln sich Wildtiere und nisten Kormorane und Flamingos an Küstenseen und Flussufern (Seite 59)

10 Populonia am Golf von Baratti
Wo einst die erzbeladenen Schiffe der Etrusker anlegten, lädt die flach abfallende Bucht zum Baden und Sonnen ein (Seite 64)

11 Campo dei Miracoli in Pisa
Der marmorne Dreiklang von Baptisterium, Schiefem Turm und Dom versetzt die Betrachter noch immer in Erstaunen (Seite 71 und 72)

Wieder freigegeben: Torre di Pisa

12 Lucca
Mittelalterliche Stadt mit großer Handwerkstradition (Seite 79)

13 Grotta del Vento
Bizarre Gesteinsformationen und überraschende Lichteffekte (Seite 85)

14 Prato
Die »Lumpenstadt« setzt auf hochmoderne Strickwaren und zeitgenössische Kunst (Seite 88)

15 Vinci
Pflichtstation für Leonardo-Pilger: das Museum mit den Aufzeichnungen in Spiegelschrift und dem Modell des ersten kettengetriebenen Fahrrads (Seite 89)

★ Die Highlights sind in der Karte auf dem hinteren Umschlag eingetragen

Entdecken Sie die Toskana!

Wunderschöne Landschaft und faszinierende Kultur werden zu einem unvergesslichen Erlebnis

Über die Toskana wird im deutschen Sprachraum viel geschrieben, keine andere Region Italiens scheint uns so vertraut – und nirgendwo erwarten uns so viele Überraschungen. Nicht »das Land, wo die Zitronen blühn«, keine üppig grünende Landschaft mit sangesfrohen Menschen finden wir vor, sondern eine eher herbe Gegend, die durch Jahrtausende von den wortkargen und stolzen Menschen, die sie bewohnen, geformt und kultiviert wurde.

Die Toskana ist eine der waldreichsten Regionen Italiens. Auf dem Apennin finden sich Mischwälder aus Buchen, Eichen, Esskastanien und Tannen; das Hinterland der über 300 km langen Küste ist bedeckt mit Pinienwäldern und der mediterranen Macchia, dem undurchdringlichen Buschwald aus Steineiche, Myrte, Ginster, Erika, Erdbeerbaum und Brombeere, deren Duft im Frühsommer die Landschaft betörend überzieht; südlich des Flusses Cecina wachsen Korkeichen. Geothermische Phänomene bewirkten das Entstehen von Thermalbädern von der Gegend um Lucca bis in die südliche Maremma. Nur ein Zehntel der Toskana besteht aus ebenen Flächen. Die Bergmassive der Apuanischen Alpen und im Apennin erreichen Höhen bis zu 2000 m.

Ein alter Hof in den Hügeln der Toskana: der viel geträumte Traum vom einfachen Leben

Allein schon ein Reisegrund: die vielen namhaften Weine der Toskana

Im 7. und 6. Jh. v. Chr. führten die Griechen in Italien den Wein- und Olivenanbau ein. Diese uralten Kulturpflanzen prägen vor allem die Landschaft südlich von Florenz und um Lucca. Als man die Gegend in etruskisch-römischer Zeit vermaß, verlieh man der ganzen Region durch Aufteilung und die Untergliederung durch Zypressen das bis heute vorherrschende Aussehen. Schon im Mittelalter nahm die Toskana jene für sie typische Form an, die von der Ausgewogenheit zwi-

Geschichtstabelle

Um 1000 v. Chr. Die Etrusker dringen in das Gebiet der heutigen Toskana ein

10.–6. Jh. v. Chr. Die Etrusker sind eine der vorherrschenden Mächte am Mittelmeer; Blütezeit etruskischer Kultur

Um 300 v. Chr. Die Etrusker verlieren Vorherrschaft an Rom

89 v. Chr. Römisches Bürgerrecht für alle Italiker

568 n. Chr. Die von Norden zugewanderten Langobarden erheben Tuscien zum Markgrafentum und residieren in Lucca

774 Die Herrschaft der Franken beginnt

Um 1000 Markgraf Hugo verlegt den Regierungssitz der Toskana nach Florenz

1139–1266 Die Toskana steht unter staufischer Reichsverwaltung; Entstehung der Stadtstaaten

13./14. Jh. Machtkämpfe zwischen Ghibellinen und Guelfen, Anhängern der kaiserlichen bzw. päpstlichen Parteien; die Florentiner dehnen ihre Herrschaft auf die Städte Prato, Pistoia, Arezzo, San Gimignano, Volterra und Cortona aus

1252 In Florenz prägt man den Florin d'oro, den Goldflorin

1406 Florenz unterwirft Pisa

1555 Eroberung Sienas durch Florenz

1737 Mit Gian Gastone stirbt der letzte Großherzog aus dem Hause Medici, die Toskana fällt an das Haus Österreich-Lothringen

1799 Napoleon erobert die Toskana

1815–59 Die Lothringer kehren in die Toskana zurück

1860 Die Bevölkerung der Toskana tritt durch Volksentscheid dem Königreich Italien bei

1865–71 Florenz ist Hauptstadt Italiens

1946 Italien wird nach der Niederlage im Zweiten Weltkrieg durch einen Volksentscheid zur Republik

1970 Gründung der Region Toskana mit Florenz als Hauptstadt und den Provinzen Arezzo, Florenz, Grosseto, Livorno, Lucca, Massa-Carrara, Pisa, Pistoia und Siena sowie, seit 1992, Prato

1996 Der Toskanische Archipel und die umgebenden Küstengewässer werden zum Naturschutzgebiet erklärt

2002 Der Euro löst die italienische Lira als Landeswährung ab

schen Mensch und Natur zeugt, ein Geflecht aus Gehöften und befestigten Städten, das die Landschaft wie ein lockeres Netz überzieht.

Die Städte lagen seit dem frühesten Mittelalter im Wettstreit miteinander; aus dieser Besonderheit kann man teilweise den verschlossenen Charakter vieler Toskaner erklären und jene sympathisch raue Schale verstehen, die sie im Allgemeinen haben. Fremden begegnen die Toskaner meist freundlich – aber mit Zurückhaltung. Jovial oder gar servil wird man sie nie erleben. Touristen, die anbiedernde Dienstleistungen gewohnt sind, fühlen sich in der Toskana leicht vernachlässigt. Das sind sie keineswegs, aber man drängt sich nicht auf, man dringt nicht in die Privatsphäre eines anderen ein. Noch heute fühlt sich jeder Toskaner ausschließlich seinem Geburtsort oder seinem Stadtviertel zugehörig. Sichtbarsten Ausdruck hierfür liefert der Palio delle Contrade in Siena, der mit verbissenem Ernst ausgetragene Reiterwettkampf zwischen den 17 Stadtvierteln.

Die mächtige Domkuppel bestimmt weithin die Silhouette von Florenz

In der ganzen Toskana herrscht gemäßigtes Mittelmeerklima, im Winter scheint häufig die Sonne, oft gibt es aber auch sehr kalte Tage; wenn die Tramontana von den Bergen weht, sind Temperaturen weit unter null Grad durchaus möglich! Schnee fällt, außer in den Hochlagen, nur selten. Frühling und Herbst sind meist sehr mild (und empfehlen sich als beste Reisezeit), jedoch mitunter regenreich. An der Küste bläst zuweilen ein sehr starker Südwestwind, der Libeccio, und im August gibt es häufiger starke Gewitter. Vor allem im heißesten Monat Juli können die Temperaturen auf 35 Grad und höher steigen. In den Niederungen, in Florenz und im Arnotal, ist es dann meist drückend schwül; am Meer und in den Höhenlagen sind zumindest die Nächte angenehm kühl.

» Glühwürmchen schwärmen durch die Olivenhaine «

Der Hochsommer ist die beste Zeit für einen Besuch der Maremma und der südlichen Küstenniederungen. Das Chianti ist am schönsten, wenn sich das Weinlaub rot färbt. Spätherbst und Winter sind die richtige Zeit für Museumsbesuche und geruhsame Einkäufe in den Städten: Keine Touristengruppen versperren den Blick auf die Sehenswürdigkeiten, und in Geschäften und Lokalen wird man mit besonderer Höflichkeit bedient. Im Januar und Februar blühen an der Küste die Mimosen und Mandelbäume, und einsame Spaziergänge am aufgewühlten Meer haben dann einen ganz besonderen Reiz. Um die Osterzeit bietet besonders die südliche Toskana schöne optische Kontraste: Der rote Klee überzieht die Hügellandschaft, während auf den Höhen des Monte Amiata noch Schnee liegt. Der Mai ist die beste Zeit für Wanderungen in den tiefen Tälern der Garfagnana oder auf den Höhen der Apuanischen Alpen und in der artenreichen Vulkanlandschaft rund um den Monte Amiata.

Die Vielfalt der toskanischen Landschaft spiegelt sich auch in der Fauna: Es gibt Rehe, Hirsche und, vor allem in der Maremma, Wildschweine. Fast überall leben Dachse, Füchse, Marder und Iltisse, in einigen Gegenden gibt es sogar Stachelschweine und Landschildkröten. Im Mai singen die Nachtigallen, und im Juni schwärmen abends Millionen von Glühwürmchen durch die sommerlichen Olivenhaine.

Das Badeleben an den schönen, kilometerlangen Sandstränden der Versilia ist ausgesprochen mondän; exquisite Nightclubs und wilde Diskos wechseln an der Uferpromenade mit teuren Restaurants. Südlich von Pisa wird das Strandleben legerer und familiärer, und an der Felsküste des Mone Argentario sind die Reichen und Mächtigen unter sich. Elba ist die beliebteste Ferieninsel der Deutschen, die Italiener bevorzugen Giglio. Im August wird die ganze Küste zunehmend von Toskanern, aber auch von Römern vereinnahmt – es wird für einige Zeit voll an den Stränden.

Im September und Oktober gehört das Meer wieder fast ausschließlich den ausländischen Touristen, und nie ist es schöner als in diesen goldenen Spätsommertagen. In den Weinbaugebieten beginnt nun die Lese, und für diejenigen, die geruhsame Tage in einem der ausgebauten Gutshöfe oder einem der schönen Schlösser im Chianti verbringen wollen, ist jetzt die ideale Urlaubszeit.

Von November bis Januar dauert die Zeit der *brucatura*, in der die Oliven von Hand von den Zweigen abgestreift werden – manchmal wird diese Arbeit auch schon mit Erntewagen erledigt. 195 000 ha Land sind in der Toskana mit Oliven bepflanzt; die Region steht mit ihrer Ölproduktion an vierter Stelle in Italien, aber, so meinen viele Kenner, an erster Stelle in der Qualität. Hochwertiges Olivenöl ist neben den Qualitätsweinen, vornehmlich aus der Chiantizone, ein Hauptexportartikel der Region.

» Geruhsame Tage in einem ausgebauten Chianti-Gutshof «

Die Industrie spielt in der Toskana eine eher untergeordnete Rolle – sieht man von Eisenverhüttung in Piombino, Werften und Raffinerien in Livorno und einigen Chemiebetrieben ab. Auch nach dem Wirtschaftswunder der Sechzigerjahre bewahrte die Region eine schon immer für sie typische Eigenheit: kleine, dynamische Unternehmen und Handwerksbetriebe mit größtmöglicher Unabhängigkeit. Sie sind in Zentren angesiedelt, die für die Gewinnung des Rohmaterials günstig liegen und die sich überdies meist auf historische Ursprünge berufen. Hervorstechende Beispiele sind die Textilverarbeitung und Seidenweberei in Prato und Lucca.

Wie lebt man in der Toskana? Ziemlich gut, diese Intuition des Urlaubers bestätigt auch die Statistik: Das Pro-Kopf-Einkommen liegt weit über dem nationalen Durchschnitt. Doch wird auch in der Toskana die in Jahrtausenden erreichte Harmonie zwischen Mensch und Umgebung langsam zum Mythos. Die historischen Zentren der Städte – nicht für die Auto- und Menschenmassen heutigen Ausmaßes gebaut – werden, auch wenn sie verkehrsberuhigt sind, immer unwohnlicher. Und auch der Tourismus mit seinen vielfachen Anforderungen trägt zum Verfall des natürlichen Ambiente bei – paradoxerweise ist er jedoch zugleich einer der Gründe, warum man sich andererseits verzweifelt bemüht, diesen Verfall aufzuhalten.

» Die Toskana hütet vier Fünftel der Kunstschätze Italiens «

Die Schönheit der Region und vor allem die Kunstschätze einiger Städte locken jährlich weit über 7 Mio. Touristen an. Die Toskana ist die größte Kunstlandschaft Italiens; vier Fünftel der Kunstschätze des Landes findet man auf ihrem Gebiet. Wenige Regionen haben die europäische Kultur und Kunst so befruchtet. Der Stolz der Toskaner gründet sich auf dieses einzigartige künstlerische und kulturelle Erbe, einmalig nicht nur wegen seiner unvergleichlichen Schönheit, sondern auch, weil es tief im kollektiven Bewusstsein der Toskaner verankert ist und jeder Einzelne sich als dessen Hüter betrachtet. Dieses Volk hasst Unmäßigkeit und Völlerei jeder Art; man »überfrisst« sich nicht mit Romanik, Gotik, Städten, Klöstern, sondern wählt sorgsam aus und spürt den Dingen nach. Landschaft und Menschen wollen erobert werden – diese Herausforderung macht den Urlaub in der Toskana zu einem faszinierenden, unvergesslichen Erlebnis.

Ein Gehöft, von Zypressen umgeben: Inbegriff der ländlichen Toskana

Vom Chianti bis zum Marmor

Ob kulinarische oder kulturelle Genüsse: Von allem gibt es reichlich

Alabaster
Alabaster und Volterra sind nicht voneinander zu trennen. Das weiße bis bräunlich graue, kristallisierte Kalziumsulfat, das sich über die Jahrtausende zu großen, oft zentnerschweren »Perlen« formte, wird in der Umgebung der alten Etruskerstadt Volterra gewonnen und in über hundert Betrieben, die oft schon seit Generationen derselben Familie gehören, verarbeitet.

Apennin
Man muss ihn überfahren, den hohen Gebirgszug, der die ganze Apenninische Halbinsel von der Poebene bis zu den wild zerklüfteten Bergwäldern des Aspromonte in Kalabrien durchzieht. Der Toskanische Apennin wird im äußersten Norden der Region vom Cisapass (Autostrada Parma–La Spezia), in der Höhe von Bologna vom Futapass (Autostrada Bologna–Firenze) und zwischen Modena und Lucca von der alten Brennerstraße durchschnitten. Die adriatische Seite erreicht man von Florenz über den Passo del Muraglione, der nach Forlì führt, und im äußersten Süden in der Höhe von Cortona über den Passo Cerventosa. Alle Pässe sind um 1000 m hoch.

Mehr als 700 Weingüter verteilen sich harmonisch über die waldige Hügellandschaft des Chianti

Arcipelago Toscano
Unter dem Begriff Toskanischer Archipel werden die dem Festland vorgelagerten Inseln des Tyrrhenischen Meeres zusammengefasst. Die größtenteils steil aufsteigenden Inseln mit ihren schroffen Küsten und kleinen Sandbuchten und die umgebenden Küstengewässer, ein Gebiet von rund 75 000 ha, wurden 1996 zum »Parco Nazionale dell'Arcipelago Toscano« erklärt.

Touristisch gut erschlossen sind die Inseln Elba, mit 224 km^2 die mit weitem Abstand größte, sowie Giglio (21,2 km^2) und Capraia (20 km^2). Pianosa war bisher Sträflingskolonie und kann zurzeit nur auf organisierten Fahrten besucht werden, Gorgona, die nördlichste der Inseln, war es ebenfalls und kann noch nicht besucht werden. Die schroffe Insel Montecristo ist durch Alexandre Dumas' Roman »Der Graf von Monte Christo« weltbekannt geworden. Am südlichsten liegt die kleine Insel Giannutri mit Resten einer römischen Villa (Privatbesitz).

Urlaubslektüre

Die spannenden Toskanakrimis von Fruttero & Lucentini

Wenn Sie sich auch literarisch auf Ihren Toskanaurlaub einstimmen wollen: »Das Geheimnis der Pineta« ist eine unterhaltsam-spannende Lektüre, angesiedelt an der Etruskischen Riviera. Für Freunde Sienas wirft »Der Palio der toten Reiter« einen Blick hinter die Kulissen des Rennens. Die Autoren beider Bände sind Fruttero & Lucentini. Beide sind als Taschenbücher im Buchhandel erhältlich.

Chianti

Eine rund 80 000 ha große, in über 700 Weingüter aufgeteilte Hügellandschaft, die zu 45 Prozent aus Wald besteht und sich zwischen Florenz und Siena erstreckt – das ist das viel besungene Chiantiland, der geografische Mittelpunkt der Toskana. In dieser Region werden die Rebsorten zur Gewinnung des berühmten Chianti Classico angebaut. Bereits 1444 schlossen sich Radda, Gaiole und Castellina in der »Lega del Chianti« zusammen, die feste Regeln für die Güte des hier erzeugten Weines festlegte. 1874 setzte der Baron Bettino Ricasoli ein Mischungsverhältnis für den »Gallo Nero« fest, das beinahe unverändert noch heute gilt: Weine, die als Gütesiegel den schwarzen Hahn auf dem Etikett am Flaschenhals führen, bestehen aus 75 bis 90 Prozent Sangiovesetrauben und fünf bis 15 Prozent Canaiolo (für die typisch rubinrote Farbe) sowie bis höchstens zehn Prozent der weißen Sorten Malvasia oder Trebbiano. In den letzten Jahren regt sich bei experimentierfreudigen Winzern indes auch Widerstand gegen diese starren Vorschriften: Wer etwa einen rebsortenreinen Chianti aus 100 Prozent Sangiovesetrauben keltert, dem wird das DOC-Siegel verwehrt, und der Wein kommt als *vino da tavola* auf den Markt. Wundern Sie sich deshalb nicht, wenn immer öfter für einen – nur vermeintlich schlichten – »Tafelwein« erheblich mehr zu zahlen ist als für einen DOC-Chianti mit dem Hahn.

Nach dem Krieg erlebte das Chianti durch Landflucht und allgemeine Vernachlässigung einen traurigen Niedergang; durch das Engagement der alteingesessenen Erzeuger und den Zuzug junger Unternehmer mit modernem Knowhow erreichte inzwischen aber der im Chianti erzeugte Wein wieder seinen angestammten, führenden Platz unter den Weinen Italiens, und die verfallenen Bauernhäuser wurden – oft von Nord- und Mitteleuropäern – zu Hotels oder Ferienwohnungen ausgebaut.

Etrusker

Um 1000 v. Chr. bis 200 v. Chr. – vor den Römern, denen sie nach der letzten, verlorenen Schlacht 265 v. Chr. weichen mussten – bevölkerte dieses rätselhafte Volk, dessen Ursprung noch immer nicht ganz erforscht ist, weite Teile Mittelitaliens. Das Zentrum Tusciens jedoch lag im Gebiet der heutigen Toskana und zog sich vor allem entlang der Küste hin. Auf dem Gebiet der Toskana gehörten Arezzo, Chiusi, Populonia, Roselle, Vetulonia und Volterra dem 600 v. Chr. gegründeten Bund der zwölf mächtigen Stadtstaaten (Lukomonien) an. Daneben weisen noch heute zahlreiche weitere Orte Spuren der etruskischen Kultur auf: so z. B. Ansedonia, Cortona und Fiesole. An Funden reich sind das Museo Archeologico in Florenz, das Museo Guarnacci in Volterra und das Etruskische Nationalmuseum in Chiusi; bedeutende Nekropolen (Grabstädte) finden sich vor allem in Populonia und Sovana.

Giglio

Lilie – nicht nur der Name der schönsten Insel des Toskanischen Archipels, sondern auch der Wappenblume von Florenz (rote Lilie auf weißem Grund) und der blauvioletten Schwertlilien, die im Frühjahr überall entlang der Mauern wachsen.

Marmor

Oberhalb von Carrara, das dem berühmten weißen Marmor seinen Namen gab, liegen die Marmorbrüche von Colonnata, Fantiscritti und Ravaccione. Besonders der feinkörnige »Bianco di Carrara«, den man hier in mächtigen Blöcken aus dem Gestein schneidet – eine *bancata* kann bis zu 12 m hoch sein und 400 t wiegen! –, hat es seit Michelangelo den Bildhauern angetan. Moore, Botero, Pomodoro, Marini und unzählige andere lassen oder ließen ihn in den Werkstätten von Pietrasanta zu Skulpturen verarbeiten, die heute die Museen der Welt schmücken. Die Marmorbrüche können ohne besondere Erlaubnis – jedoch mit der nötigen Vorsicht! – besucht werden.

Medici

Die Familie dieser Kaufleute, Bankiers und Fürsten beherrschte ab

Bianco di Carrara: kein Weißwein, sondern ein besonders feinkörniger Marmor

Ende des 14. Jhs. erst Florenz, dann bis 1737 die ganze Toskana. Die herausragendsten Gestalten der Medici waren Cosimo il Vecchio (1389 bis 1464), der den Grundstein des gewaltigen Vermögens und der Kunstsammlungen legte, sein Enkel Lorenzo il Magnifico (1449–1492), der besonders die Handelsbeziehungen weiter ausbaute, und Cosimo I., Großherzog (1519–1574), der unter anderem die Uffizien in Florenz errichten ließ und dem Staat eine moderne Form gab. Nicht vergessen werden darf Anna Maria Ludovica, die letzte der Medici, die in ihrem Testament den ganzen riesigen Kunstschatz der Familie »für alle Zeiten« Florenz vermachte (1737) und der die Stadt die großen Sammlungen ihrer Museen verdankt.

Renaissance

»Rinascimento« heißt es im Italienischen, und der Begriff wird Ihnen in der Toskana überall begegnen. Mitte des 15. Jhs. entstand hier eine kulturelle Bewegung, die sich die »Wiedergeburt« klassischer Ideale in Philosophie und Kunst aufs Banner geschrieben hatte. Das Edle, Wahre, Schöne, in dessen Mittelpunkt der Mensch stand, wurde zum Ideal und Florenz zum Zentrum der Bewegung. War in der Gotik noch der Jenseitsgedanke vorherrschend, so wurde in Kunst und Philosophie fortan der Mensch das Maß aller Dinge.

Weingüter

Die Toskana ist eines der Hauptweinanbaugebiete Italiens. Von den 450 Weingütern, die sich 1994 im »Movimento per il Turismo del Vino« zusammengeschlossen haben, liegen 118 in der Toskana. Die folgenden Weingüter können besucht werden (es ist ratsam, telefonisch einen Termin zu vereinbaren).

Auf Elba ist die *Azienda Acquabona (Portoferraio, Tel. 05 65 93 30 13)* vor allem für ihren vorzüglichen Aleatico, den Süßwein der Insel, bekannt. Im Süden der Toskana liegen die *Cantine Contucci (Via Teatro, 1, Tel. 05 78 75 70 06)*, die ihre Keller in der alten Stadtmauer von *Montepulciano* eingerichtet haben, und die *Cantina del Redi (Via Collazzi, 5, Tel. 05 78 75 71 66).* Auf beiden Weingütern wächst der berühmte Vino Nobile von Montepulciano. Ausgezeichnete Rotweine findet man auch in Montalcino. Zu den besten der Gegend gehören die Weine der *Fattoria dei Barbi (Ortsteil Podernovi, Tel. 05 77 84 11 11).* Die *Fattoria del Colle (Tel. 05 77 66 21 08)* in *Trequanda* bei Sinalunga verleiht alljährlich einen Literaturpreis, der Wein zum Thema hat. Der Vino Rosso di Montalcino wächst außerdem u. a. auf dem Weingut *Fattoria dell'Altesino (Ortsteil Altesino, Tel. 05 77 80 62 08)*, einer imponierenden Festung, sowie im Gut *Villa Banfi (Castello di Poggio alle Mura, Tel. 05 77 84 01 11).* In der Villa Banfi mit ihren geradezu futuristischen Kellereien können Sie außerdem ein kleines Glasmuseum besichtigen.

Zwischen Siena und Florenz liegt das Chianti-Classico-Gebiet. Das *Castello di Volpaia (Radda in Chianti, Tel. 05 77 73 80 66)* mit mächtigen Eichen- und Kastanienholzfässern in seinen Kellereien liegt in einem mittelalterlichen Weiler. Burg und Weinberge des *Castello di Fonterutoli (Castellina in Chianti, Tel. 057 77 35 71)* gehö-

Die blaue Sangiovesetraube ist die wichtigste Rebsorte im Chianti

ren zu den ältesten der Gegend, sie sind seit 1435 im Besitz derselben Familie. Ein Vitarium mit allen in der Toskana gepflegten Rebsorten wurde im Weingut *San Felice (Tel. 05 77 35 90 87)* nahe dem mittelalterlichen Dorf San Gusmè angelegt. Das *Castello di Monsanto (Barberino Val d'Elsa, Tel. 05 58 05 90 00)* ist durch einen Tunnel mit der Kelterei verbunden – er wird als Weinkeller genutzt. Schon Leonardo da Vinci hielt sich im *Castello di Vignamaggio (Greve in Chianti, Tel. 055 85 46 61)* auf – und hat bestimmt den edlen Rosso nicht verschmäht.

Nicht dem »Movimento per il Turismo del Vino« angeschlossen, aber trotzdem für einen Besuch sehr zu empfehlen sind die *Fattoria dei Rampolla (Panzano in Chianti, Tel. 055 85 20 01)* der Fürsten Di Napoli Rampolla und natürlich das *Castello di Brolio (Gaiole in Chianti, Tel. 05 77 73 01)*, seit 1141 im Besitz der Barone Ricasoli, der Vorreiter für die Anerkennung des Chiantiweins. Einen vorzüglichen Vernaccia di San Gimignano und den Weißwein Terre di Tufo bekommt man in der *Azienda Agricola Teruzzi & Puthod Ponte a Rondolino (San Gimignano, Località Casale, Tel. 05 77 94 01 43)* mit ihrer vollcomputerisierten Kellerei.

Besonders hervorzuheben ist eine Initiative von Weingutsbesitzerinnen, die 1988 von Elisabetta Tognana auf ihrem Gut *Villa Vistarenni (Gaiole in Chianti, Tel. 05 77 73 84 76)*, einem der bezauberndsten Schlösser im Chianti mit fünf stilvollen Ferienwohnungen, ins Leben gerufen wurde; über 250 Mitglieder hat die »Associazione Nazionale Donne del Vino« inzwischen.

Weingüter können im Allgemeinen von Mo bis Fr besucht werden. Um die Fahrt nicht umsonst zu machen, sollten Sie aber besser vorher anrufen.

VERGINE
DI OLIVA
DI TOSCANA
PRODOTTO E

Jede Region hat ihre speziellen Rezepte

Deftige Suppen, herzhaftes Landbrot und Wild aus den Wäldern bilden die ideale Grundlage für die gehaltvollen Weine

Alle Italiener essen gern; sie lassen sich stundenlang Zeit, und wenn möglich essen sie im großen Kreis – an Sonn- und Feiertagen jedenfalls. Während der Woche hat man sich inzwischen auch hier die Essgewohnheiten der übrigen Europäer zu Eigen gemacht: Mittags treffen sich die Berufstätigen in einer der vielen Bars, die kleine Gerichte servieren, oder – wenn auch auf den Wein Wert gelegt wird – zu einem *light lunch* in einer *enoteca.*

Wenn Sie in der Toskana Urlaub machen, sollten Sie sich aber von der sprichwörtlich guten Küche des Landes verwöhnen lassen. In den von uns vorgeschlagenen Trattorien und Restaurants finden Sie sie noch – und sie ist unendlich vielseitig: Jede Region hat ihre speziellen Rezepte; von Fisch bis Wild, von Pilzen bis grünem Spargel, von Artischocken bis Kastanien wird alles frisch in der traditionsgebundenen Küche verwendet.

Bekannt ist die Toskana für ihr vorzügliches Olivenöl und den würzigen Schafskäse von den Weideländern im Süden. An der Küste bietet man Meeresfrüchte und Fischgerichte, etwa *cacciucco,* die berühmte Fischsuppe Livornos.

Die einfachen Genüsse sind oft die besten: bruschetta, geröstetes Bauernbrot mit Tomaten

Die klassische Speisenfolge ist folgendermaßen: *antipasto* (Vorspeise – meist kalt), *primo piatto* (erster Gang aus Suppe, Reis- oder Nudelgericht), *secondo piatto* (Hauptgericht – Fleisch oder Fisch) mit *contorno* (Beilage), *formaggio* (Käse) oder/und *dolce* (Süßspeise), *caffè* und eventuell ein Digestif. Natürlich kann man die Speisenfolge auch kürzen, es ist aber in einem Restaurant kaum möglich, nur ein Nudelgericht zu bestellen; in einer Trattoria geht das schon eher. Für Schnellgerichte gibt es *tavole calde* (Selbstbedienungsrestaurants), Pizzerien oder Spaghetterien.

Im *ristorante* und in der *trattoria* müssen meist zwischen 2 und 5 Euro pro Person für *pane e coperto* (Brot und Gedeck) bezahlt werden; der Preis dafür ist auf der Karte angegeben. Die Rechnung wird pro Tisch ausgestellt, wenn Sie es wünschen, teilen Sie selbst.

In den Städten werden oft Touristenmenüs *(menù turistici)* angeboten; sie kosten – alles inklusive – um 12 bis 18 Euro, bestehen aus

Toskanische Spezialitäten

Lassen Sie sich diese Köstlichkeiten gut schmecken!

acquacotta – »gekochtes Wasser«, Suppe aus Zwiebeln, Gemüse, Ei, Olivenöl und geröstetem Brot

arista alla fiorentina – Florentiner Schweinebraten, mit Knoblauch und Rosmarin gewürzt

bistecca alla fiorentina – ein bis zu 3 cm dickes Lendenstück mit dem typischen T-förmigen Knochen, das nur von den weißen Chianinarindern stammen darf. Es wird ungewürzt gegrillt und vor dem Essen mit Olivenöl beträufelt. Der Preis wird pro *etto* (100 g) angegeben.

bruschetta – auch *fettunta:* geröstete Brotscheiben mit klein gehackten Tomaten und Basilikum

cacciucco alla livornese – sämige Fischsuppe, die mindestens fünf Sorten Fische und Meeresfrüchte enthalten muss. Spezialität um Livorno und in der Versilia

cantucci di Prato – harte Mandelbiskuits, die in *vin santo* eingetaucht werden

carciofi ripieni – gefüllte Artischocken

castagnaccio – herzhafter Kuchen aus Kastanienmehl mit Rosmarin, Olivenöl, Pinienkernen. Spezialität um Lucca

crostini – kleine, geröstete Brotscheiben, mit einer Farce aus Hühnerleber bestrichen

fagioli all'uccelletto – Vorspeise aus weißen Bohnen mit Tomaten und Salbei

panforte – Gewürzkuchen aus Siena. Das honiggesüßte Brot wird mit Mandeln, kandierten Früchten, Zucker und Gewürzen angereichert

panzanella – Salat aus Landbrot, Tomaten, Gurken und Zwiebeln

pappardelle – breite Bandnudeln, die meist mit Ragout vom Hasen *(lepre)* oder Wildschwein *(cinghiale)* serviert werden

pici – handgerollte, dicke Eiernudeln, typisch für das Casentino

ribollita – die »Aufgewärmte«, deftige, über Stunden gekochte, eingedickte Suppe aus weißen

Bohnen, Schwarzkohl und Suppengrün, die vor dem Servieren über Landbrot gegossen wird

trippa alla fiorentina – Kutteln, die in einer Hühner- oder Rinderbouillon mit Tomaten geschmort und mit geriebenem Parmesan serviert werden

zuppa di farro – herzhafte Dinkelsuppe mit Bohnen, Kichererbsen und Tomaten. Besonders in der Garfagnana verbreitet

drei Gängen, sind im Allgemeinen nicht schlecht, haben aber mit der traditionellen Küche der Toskana wenig gemein. Billiger – und oft besser – kommt man weg, wenn man sich mit einer Pizza und einem Glas Hauswein begnügt.

An das Frühstück der Italiener, das für unsere Begriffe gar kein richtiges ist, kann man sich ganz schnell gewöhnen. Am besten suchen Sie die nächste Bar auf und bestellen sich einen *cappuccino* und eine *brioche* (Hefehörnchen). Nur in Erste-Klasse-Hotels ist nicht vom Hotelfrühstück abzuraten.

Acqua (einfaches Wasser), *acqua minerale gassata* (kohlensäurehaltiges Mineralwasser) oder *acqua non gassata* (ohne Kohlensäure) begleitet jedes Essen. Bei den Rotweinen nimmt natürlich der Chianti eine Vorrangstellung ein, besonders der Chianti Classico aus der Gegend zwischen Florenz und Siena. Weitere gehaltvolle Rotweine sind die Chiantiweine der sienesischen und Aretiner Hügel und der Chianti Putto aus dem Sievetal sowie die Rotweine aus dem unteren Arnotal bei Carmignano und Montalbano. Zu den berühmtesten Rotweinen gehören der körperreiche und tanninbetonte Brunello di Montalcino, der nur aus Sangiovesetrauben gekeltert wird und mindestens vier Jahre in Holzfässern lagern muss, der rubinrote Vino Nobile di Montepulciano (Sangiovese und Canaiolo), der Morellino di Scansano aus der Maremma und – vor allem – Sassicaia und Ornellaia aus Bolgheri. Bekannte Weißweine sind der goldfarbene Vernaccia aus San Gimignano, der Bianco di Montecarlo und der Bianco Vergine, der »jungfräuliche« Weiße aus der Gegend um Cortona. Als Dessertweine bieten sich die starken und süßen Weine der Insel Elba an, der Moscato und der *vin santo,* der »heilige Wein« – kein Messwein, sondern ein goldgelber, halbtrockener Wein, der aus Trockenbeeren gekeltert wird und drei bis fünf Jahre lang in Eichenholzfässern gärt.

Die Italiener trinken nur zum Essen Wein; oft wird der offene Hauswein *(vino di casa* oder *vino aperto)* dem teureren Flaschenwein vorgezogen. Bier wird auch in Italien immer beliebter, vor allem zur Pizza wird fast ausschließlich Bier, meist vom Fass *(birra alla spina),* getrunken. Auch viele deutsche Biersorten werden angeboten, sie sind jedoch meist teurer als der Hauswein. Kinder trinken im Allgemeinen Wasser oder Cola zum Essen, nur selten Saft oder Limonade.

Die Marco Polo Bitte

WWF

Marco Polo war der erste Weltreisende. Er reiste in friedlicher Absicht, verband Ost und West. Er wollte die Welt entdecken, fremde Kulturen kennen lernen, nicht zerstören. Könnte er heute für uns Reisende nicht Vorbild sein? Aufgeschlossen und friedlich sollte unsere Haltung auf Reisen sein. Dazu gehören auch Respekt vor Mensch und Tier und die Bewahrung der Umwelt.

Keramik, Leder und Olivenöl

In der Toskana lohnen neben italienischer Mode vor allem die hochwertigen landwirtschaftlichen Produkte den Einkaufsbummel

Schon seit Jahrhunderten haben Florenz, Lucca und Prato Weltruf in der Herstellung schöner Stoffe; Lederwaren kommen besonders aus dem unteren Arnotal, wo bereits im Mittelalter die Gerbereien angesiedelt waren. Modische Schuhe und Accessoires sind daher *der* Einkaufstipp für die Toskana. Florenz ist Sitz der großen, international bekannten italienischen Modehäuser mit den klangvollen Namen. Es besteht besonders bei Kleidung ein sehr großes Preisgefälle – manche Artikel sind eindeutig überteuert, Sie sollten also wählerisch sein. Aber ob teuer oder nicht, die Kleidung der Italienerinnen und Italiener ist von einem einfach-raffinierten Geschmack, den man nördlich der Alpen meist vergeblich sucht.

Spaß macht es, im Angebot der Märkte zu wühlen. Jeder Ort, jede Stadt hat einen Wochenmarkt, auf dem neben Kleidung und Wäsche auch Haushaltswaren, Obst, Gemüse, Pflanzen und Lebensmittel angeboten werden. Olivenöl und Wein sollten Sie am besten beim Erzeuger, in der *fattoria* oder in den *enoteche* kaufen – dort macht es am meisten Spaß, und die meisten sind überdies auf Direktversand in größeren Mengen eingerichtet.

Ob in der Nobelboutique oder auf dem Wochenmarkt: Zum Shoppen finden Sie unzählige Gelegenheiten

Siena mit seinem Hinterland und die Maremma sind ein Einkaufsparadies für landwirtschaftliche Produkte. In den Klöstern verkaufen die Mönche selbst gebrannten Kräuterlikör und Honig. Siena, Cortona und die Gegend um Montelupo, westlich von Florenz, sind auch für ihre bunt glasierten Keramiken bekannt.

Für Silberwaren ist Florenz berühmt, für die Verarbeitung von Gold Arezzo. Alabaster bringt man aus Volterra mit, Marmorgegenstände aus Carrara und Umgebung. Pistoia ist besonders für Messer und Stahlwaren bekannt, außerdem versenden die Baumschulen in alle Welt. Berühmte Antiquitätenmärkte finden in Arezzo, Lucca und Pisa statt.

Die Geschäfte sind meist Mo–Sa von 8.30 bis 12.30 Uhr und von 16 bis 19.30 Uhr geöffnet, in den Innenstädten oft durchgehend und in Florenz sogar sonntags – feste Zeiten gibt es in Italien nicht.

Feste, Events und mehr

Reiterkämpfe und Openairkonzerte – Höhepunkt ist der Palio in Siena

Offizielle Feiertage

1. Januar *(Capodanno);* **6. Januar** *(Epifania);* **Ostermontag** *(Pasquetta);* **25. April** *(Liberazione);* **1. Mai** *(Festa del Lavoro);* **15. August** *(Ferragosto);* **1. November** *(Ognissanti);* **8. Dezember** *(Immacolata Concezione);* **25. Dezember** *(Natale);* **26. Dezember** *(Santo Stefano)*

Zum Karneval: Auf nach Viareggio!

Festivals und Veranstaltungen

Februar

Über Monate wird an den Umzugswagen des *Carnevale di Viareggio* gearbeitet, die dann an vier Sonntagen durch die Straßen gezogen werden. Riesige Pappmachéfiguren nehmen Politiker, Künstler und Fernsehgrößen aufs Korn. Außerhalb der Karnevalssaison lassen sich die Kunstwerke im Hangar in der Via Marco Polo bestaunen.

17. Juni

Regata di San Ranieri in Pisa auf dem Arno zwischen den vier historischen Stadtteilen. Am Vorabend werden die historischen Palazzi im Zentrum Insider Tipp mit Tausenden von Kerzen und Fackeln beleuchtet.

Dritter Juni- und erster Septembersonntag

Bei der *Giostra del Saracino* in Arezzo versuchen je zwei Reiter der vier *contrade* auf der Piazza Grande, das Schild eines hölzernen »Sarazenen« zu treffen und seinem Morgenstern auszuweichen. Vorher ein Umzug der einzelnen Stadtteile in farbenprächtigen Kostümen.

24. Juni

Calcio in Costume in Florenz: Vier Mannschaften mit je 27 Fußballern bolzen in Kostümen aus dem 17. Jh. um ein Kalb als Siegespreis.

Letzter Sonntag im Juni

Seit 1568 treffen sich beim *Gioco del Ponte* in Pisa die gewichtigen Repräsentanten der beiden Stadthälften links und rechts des Arno in Renaissancekostümen auf dem Ponte di Mezzo und versuchen, sich gegenseitig einen 7 t schweren Wagen zuzuschieben.

Anfang Juli

Für drei Tage verwandelt sich beim *Bluesin* die Piazza del Duomo in Pistoia in ein internationales Mekka für Blues-, Rock- und Popfans.

2. Juli und 16. August

★ Dreimal rund um die Piazza del Campo in Siena wird das schonungslose Rennen des *Palio delle Contrade* geritten. Tierschutzverbände laufen Sturm, aber alljährlich wird der Palio von über 70 000 Zuschauern begeistert verfolgt. Jedes Jahr werden zehn der 17 *contrade* (Stadtviertel) ausgelost, einen Reiter in den Palio zu schicken. An den Vorabenden finden die Generalprobe und Insider Tipp *la cena della prova generale,* das große Abendessen aller Contraden, statt.

Juli/August

Wo Puccini einst komponierte, erklingen heute Insider Tipp am Lago di Massaciuccoli in Torre del Lago zwischen Pisa und Lucca beim *Festival Pucciniano* die Insider Tipp Belcantoarien seiner Opern.

15. August

Die *Sagra della Bistecca* in Cortona ist der *bistecca alla fiorentina* gewidmet.

Letzter Sonntag im August

Der *Bravio delle Botti* in Montepulciano ist ein historischer Umzug mit über 200 Teilnehmern. Danach versuchen je zwei Repräsentanten der verschiedenen *contrade,* bis zu 80 kg schwere Weinfässer die steilen Gassen zur Piazza Grande hinaufzurollen. Auf den Sieger wird natürlich mit dem rubinroten Vino Nobile angestoßen.

Erster Sonntag im September

Die *Fiera del Cacio* in Pienza ist eine der berühmtesten Käsemessen Italiens. Im Mittelpunkt steht der heimische Pecorino (Schafskäse).

Drei letzte Novemberwochenenden

Weiße Trüffeln in Hülle und Fülle zum Schnuppern und Schlemmen versammelt die Insider Tipp *Sagra del Tartufo* in San Miniato.

Highlight: der Palio in Siena

Kurzbesuch in Florenz

Eine Stippvisite in der Hauptstadt der Toskana gehört ganz einfach dazu

Karte in der hinteren Umschlagklappe

[132 B3–4] Die Stadt (380 000 Ew.) zu beiden Seiten des Arno ist nicht nur durch ihre Lage einmalig; keine andere Stadt hat so viele bedeutende Künstler hervorgebracht, keine beherbergt eine solche Fülle von Kunstwerken, Palästen, Kirchen, Klöstern und Museen. Die ganze Innenstadt ist verkehrsberuhigt, es empfiehlt sich daher, entweder mit der Bahn oder mit dem Bus anzureisen.

Ausführliche Informationen finden Sie im MARCO POLO Band »Florenz«.

SEHENSWERTES

Aussichtspunkte

Einen schönen Blick über die Stadt hat man vom *Piazzale Michelangelo* **[U F6]** und vom *Forte di Belvedere* **[U C6]** auf der linken Arnoseite.

Baptisterium San Giovanni und Dom Santa Maria del Fiore **[U C–D3]**

Das 1059 geweihte *Baptisterium (Mo–Sa 12–18.30, So 8.30–14 Uhr)* aus weißem und grünem Marmor birgt ein überlebensgroßes Christus-Mosaik und einen schönen Marmorfußboden. Der *Dom Santa Maria del Fiore (Mo–Mi und Fr 10–17, Do und 1. Sa 10–15.30, Sa 10–16.45, So 13.30–17 Uhr)* wurde 1296–1368 erbaut, die neugotische Fassade erst 1887 angebracht. Die schwere *Kuppel (Mo–Sa 8.30–19, 1. Sa nur bis 17.40 Uhr)*, die weithin die Silhouette der Stadt bestimmt, wurde 1420–34 aufgesetzt. Wer alle 414 Stufen im gotischen *Campanile (tgl. 8.30–19.30 Uhr)* von Giotto erklommen hat, wird durch einen einmaligen Blick belohnt!

Piazza della Signoria **[U C–D4]**

Die belebte Piazza wird beherrscht vom gotischen *Palazzo*

Vecchio mit seinem 94 m hohen Turm. Seit dem 14. Jh. wird Florenz aus diesem Palast regiert. Den *Turm* (herrlicher Blick!) kann man besteigen *(Di, Mi, Sa 9–19, im Sommer 9–23 Uhr, Do und So 9 bis 14 Uhr)*. Vor dem Eingang berühmte *Skulpturengruppen,* darunter die Marmorkopie von Michelangelos »David« (Original in der *Galleria dell'Accademia, Di–Sa 8.15 bis 18.50, im Sommer Sa bis 22, So 8.30–18.50 Uhr, Via Ricasoli, 60*). An der Ecke der monumentale *Neptun-Brunnen* von Bartolomeo Ammanati (1563–1575).

Ponte Vecchio **[U C5]**
Die mit Läden und Werkstätten bebaute Brücke aus dem 14. Jh., die älteste, die den Arno überspannt, ist nicht nur als Konstruktion interessant: 36 Goldschmiede- und Juweliergeschäfte säumen sie auf beiden Seiten. Die autofreie (und stets überfüllte) Brücke ist eines der Wahrzeichen von Florenz und einen Bummel unbedingt wert.

Santa Croce **[U E4–5]**
1294–1385 wurde die Ordenskirche der Franziskaner erbaut, in der die Grabmäler von Michelangelo, Galileo Galilei, Niccolò Machiavelli, Gioacchino Rossini und vielen anderen Großen liegen. Berühmt ist die an Kunstwerken reichste Kirche Florenz' auch wegen der herrlichen Fresken aus dem frühen 14. Jh. in den Chorkapellen. *Mo–Sa 9.30 bis 17.30 (im Winter 12.30–15 Uhr geschl.), So 15–17.30 Uhr*

San Lorenzo **[U C2]**
Dieser Komplex mit den Medici-Grabkapellen und der mit Halbedelsteinen ausgekleideten Fürstenkapelle *(Cappella dei Principi, Di–Sa und 1., 3. und 5. So 8.15–17 Uhr)* umfasst auch die *Biblioteca Medicea Laurenziana (Mo, Fr, Sa 8 bis 13.45, Di und Do 8–17 Uhr).*

Santa Maria del Carmine **[U A5]**
Glanzstück ist die Brancacci-Kapelle mit dem Freskenzyklus »Szenen aus dem Leben Petri«. Die Fresken zählen zu den eindrucksvollsten der europäischen Renaissancemalerei. Sie wurden 1423 von Masolino da Panicale und Masaccio begonnen und 1483 von Filippo Lippi vollendet. *Mi–Sa u. Mo 10–17, So 13–17 Uhr*

Santa Maria Novella **[U B2]**
Insider Tipp
Eine der schönsten Kirchen von Florenz, die bereits Boccaccio in seinem Dekameron erwähnt, ist die 1246–1360 erbaute Ordenskirche der Dominikaner mit der Fassadenverkleidung aus weißem und grünem Marmor. Besonders beeindruckend die Freskenzyklen. *Mo–Do und Sa 9.30–17, Fr und So 13 bis 17 Uhr*

San Miniato al Monte **[O]**
Ein Juwel romanisch-florentinischer Architektur auf der Anhöhe über dem linken Arnoufer. Im Innern der dreischiffigen Basilika ein schöner Marmorfußboden, eine reich verzierte Marmorkanzel und die 1448 von Michelozzo errichtete *Cappella del Crocifisso.* Vom Vorplatz ein herrlicher Rundblick! *Tgl. 8 bis 19.30 Uhr, im Winter 12.30–14.30 Uhr geschl.*

MUSEEN

Museo Archeologico **[U E2]**
Außer etruskischen und ägyptischen sind hier prähistorische, grie-

chische und römische Funde zu sehen; die Sammlung ist eine der reichhaltigsten Italiens. *Mo 14–19, Di und Do 8.30–19, Mi und Fr–So 8.30–14 Uhr; Via della Colonna, 38*

Museo Nazionale del Bargello **[U D4]**
In den hohen Gewölben dieses Palastes aus dem 13. Jh. ist die größte Sammlung italienischer Skulpturen des 14.–16. Jhs. untergebracht, u. a. Werke von Donatello, Michelangelo, Cellini, Giambologna; außerdem die bedeutenden Waffen-, Kleinbronzen- und Majolikasammlungen der Medici. *Di–Sa sowie 1., 3. und 5. Mo und 2. und 4. So 8.30 bis 13.50 Uhr; Via del Proconsolo, 4*

Museo di San Marco **[U D1]**
Fra Angelico, ein Dominikaner, hat 1435–45 die Zellen, das Refektorium und die Gänge dieses Klosters mit weltberühmten Fresken ausgemalt. *Di–Fr und 1., 3. und 5. Mo 8.30–13.50, Sa und 2. und 4. So 8.30–19 Uhr; Piazza San Marco, 3*

Palazzo Pitti **[U B6]**
Man muss einen ganzen Tag opfern, will man alle sieben Museen besuchen, die in diesem monumentalen Palast untergebracht sind. Hinter dem Palazzo zieht sich der *Giardino di Boboli*, eine der schönsten Gartenanlagen Italiens, den Hügel hinauf. *Galleria Palatina Di–So 8.15–18.50, im Sommer Sa bis 22 Uhr; Garten bis Sonnenuntergang*

Uffizien **[U C–D4–5]**
★ Die Uffizien beherbergen in den 39 Sälen des oberen Stockwerks eine der bedeutendsten Kunstsammlungen der Welt. *Tgl. 8.15–18.50 Uhr; im Sommer Sa bis 22 Uhr; www.uffizi.firenze.it*

ESSEN & TRINKEN

Am billigsten – und gut! – bei den Märkten. Klein, aber fein sind die *Cantinetta Antinori (***U B3***, Sa/So geschl., Piazza Antinori, Tel. 055 29 22 34, €€€)* und die Trattoria *Il Cibreo (***U F4***, So/Mo geschl., Via dei Macci, 118 r, keine Reservierung, €€)*, typisch florentinisch präsentieren sich *Coco Lezzone (***U B4***, So geschl., Via del Parioncino, 26 r, Tel. 055 28 71 78, €€), Il Latini (***U B3***, Mo geschl., Via Palchetti, 6 r, Tel. 055 21 09 16, €–€€)* und *Mario (***U C2***, So und abends geschl., Via della Rosina, 2 r, Tel. 055 21 85 50, €)*. Insider Tipp

EINKAUFEN

Die elegantesten Einkaufsstraßen sind *Via Tornabuoni* **[U C3–4]** und *Via della Vigna Nuova* **[U B4]**. Nicht nur für Windowshopping geeignet ist die Gegend um den Dom und den benachbarten *Mercato San Lorenzo (***U C2***, Mo–Sa 8–19 Uhr)* bei der gleichnamigen Kirche. Der *Mercato Centrale (***U C2***, Mo–Sa 7–14, im Winter Sa auch 16–20 Uhr)* gleich nebenan ist ein Paradies für Augen- und Gaumenschmauser. Insider Tipp

ÜBERNACHTEN

Alessandra **[U C4]**
Freundliche Pension in den oberen Stockwerken eines alten Palazzo; Zimmer 11 und 21 mit Blick auf den Fluss. *27 Zi., Borgo Santissimi Apostoli, 17, Tel. 055 28 34 38, Fax 055 21 06 19, www.hotelalessandra.com, €* Insider Tipp

Nicht weniger als sieben Museen residieren im monumentalen Palazzo Pitti

Dèco **[U C3]**
Renoviertes, kleines Hotel bei Santa Maria Novella. Zimmer mit Klimaanlage und Doppelfenstern. *17 Zi., Via Panzani, 7, Tel. 055 28 44 69, Fax 05 52 30 28 47, www.hoteldeco.it,* €€

Duomo **[U D3]**
Kleines Hotel in den oberen Etagen eines Palazzo beim Dom. Wer Wert auf Ruhe legt, sollte ein Zimmer zum Hof verlangen. *24 Zi., Piazza del Duomo, 1, Tel. 055 21 99 22, Fax 055 21 64 10,* €€

Insider Tipp **Morandi alla Crocetta** **[U E2]**
Für Familien geeignet; freundlicher Service. Ein kleines, sehr angenehmes Haus. *10 Zi., Via Laura, 50, Tel. 05 52 34 47 47, Fax 05 52 48 09 54, www.hotelmorandi.it,* €€€

La Scaletta **[U C5]**
Mitten in Florenz und typisch florentinisch: elf Zimmer in der oberen Palastetage mit Blick auf die Boboli-Gärten. *Via de' Guiccardini, 13, Tel. 055 28 30 28, Fax 055 28 95 62, www.lascaletta.com,* €€

AM ABEND

In sind hauptsächlich für die jüngeren Leute Bistrocafés, wo man sich drinnen und draußen auf einen Schwatz und einen Snack trifft. Die beliebtesten sind momentan *La Dolce Vita (***U A4–5***, Piazza del Carmine), La Cabiria (***U A–B5***, Piazza Santo Spirito), Il Caffè (***U B6***, Piazza Pitti, 9 r)* und *Du Monde (***U E6***, Via San Niccolò, 103 r).*

Die beliebteste Disko in Florenz ist das *Meccanò* am Eingang zum Park der Cascine *(***O***, So–Mi geschl.)*, während der Sommermonate auch das *Central Park (***O***, Mo geschl.)*, eine große Openairdisko am Ende des Parks.

AUSKUNFT

Via Cavour, 1r, 50129 Firenze, Tel. 055 29 08 32, Fax 05 52 76 03 83, www.provincia.firenze.it

Unterwegs im Land des Chianti

Mittelalterliche Städte und eine verträumte Landschaft bieten viel Kultur und Ruhe

Das Herz der Toskana liegt um die Provinzhauptstadt Siena mit der Landschaft des Monte Amiata und dem Gebiet des Chianti sowie in der Provinz Arezzo mit der gleichnamigen Stadt und ihrem geschichtsträchtigen Hinterland. Im Norden erstrecken sich die Ausläufer des Chianti, in denen der rubinrote Chianti Classico angebaut wird, im Süden der Provinz gedeiht auf der roten Erde, der Terra di Siena, der berühmte Brunello di Montalcino. Richtung Asciano durchfährt man die Crete, durch Erosion verursachte Erdabstürze, die der Landschaft einen ganz eigenen Reiz verleihen. Eine Möglichkeit, die Gegend kennen zu lernen, bieten mehrmals jährlich veranstaltete Fahrten mit Dampfzügen (Auskunft bei der APT).

AREZZO

[125 D2] Die Lage Arezzos (92 000 Ew.) im Tal zwischen Arno und Tiber ist wirtschaftlich günstig, landschaftlich jedoch nicht spektakulär: Man muss die Außenbezirke der expandierenden Stadt durchfahren und in den mittelalterlichen Kern (Fußgängerzone) vordringen, um ihre Schönheit würdigen zu können. Schon um 600 v. Chr. war Arezzo ein wichtiges Zentrum und im 3. Jh. v. Chr. eine der Hauptstädte des etruskischen Zwölferbundes. Die Römer verliehen dem an der Via Cassia gelegenen »Arretium« 88 v. Chr. das Bürgerrecht. Die Stadt entwickelte sich zu einem Zentrum der Goldverarbeitung und der Töpferei (die korallenfarbigen Aretiner Töpferwaren waren im ganzen Römischen Reich gefragt), Tempel, Thermen und Theater wurden errichtet; heute zeugen nur noch die Überreste des Amphitheaters von jener Zeit. Vermutlich im Jahre 68 v. Chr. wurde in Arretium Caio Cilnio Mecenate geboren, der zum Berater Kaiser Oktavians aufrückte und als großer Kunstfreund, eben als »Mäzen«, in die Geschichte einging. 990 bis 1050 lebte hier Guido von Arezzo, der die Notenschrift und die Tonleiter in die europäische Musik einführte. Im Mittelalter lag auch das ghibellinische Arezzo in ständigem Kampf mit dem guelfischen Florenz und unterlag schließlich im Jahr 1384 der übermächtigen Rivalin.

Für viele Italiens schönster Platz: Sienas Piazza del Campo

In den nachfolgenden, friedlichen Jahren entstanden viele der Kirchen und Gebäude, denen Arezzo heute seine kunstgeschichtliche Bedeutung verdankt. 1304 wurde in Arezzo der große Dichter und Humanist Francesco Petrarca geboren, und von 1453 bis 1464 wirkte der Maler Piero aus Sansepolcro in der Stadt und bemalte die Hauptkapelle der Kirche San Francesco mit Fresken, die zu den schönsten der Welt gehören; er ging in die Kunstgeschichte unter dem Namen Piero della Francesca ein.

In den folgenden Jahrhunderten sank der Ort fast bis zur Bedeutungslosigkeit herab und erlebte erst durch den Bau der Eisenbahnlinie Florenz–Rom im Jahr 1866 einen neuen wirtschaftlichen Aufschwung.

SEHENSWERTES

Duomo San Donato

Vom 13. bis 16. Jh. bauten die Aretiner an ihrer dreischiffigen Sandsteinbasilika mit besonders schönen Buntglasfenstern (16. Jh.). Auf dem Hauptaltar der Schrein mit den Gebeinen des hl. Donatus, eine Gemeinschaftsarbeit Aretiner Künstler (14. Jh.). Im linken Seitenschiff ein Fresko Piero della Francescas von 1465, die hl. Magdalena darstellend. *Piazza del Duomo*

Palazzo dei Priori

Gegenüber der Kathedrale steht der zinnengekrönte Palast aus dem 13. Jh. mit seinem mächtigen Turm (1337), den man besteigen kann. Der Palast ist seit seiner Errichtung Sitz der Stadtverwaltung. Schöner Innenhof. *Piazza della Libertà*

Piazza Grande

Schon seit den Zeiten der Römer ist dieser unregelmäßige, leicht abschüssige Platz Mittelpunkt und Marktplatz der Stadt. An seiner Westseite die Apsis der *Pieve Santa Maria,* der *Palazzo del Tribunale* aus dem 17. Jh. mit seiner Brüstung und einer ausladenden Freitreppe und der *Palazzo della Fraternità,* der in den Jahren 1375 bis 1460 von Bernardo Rossellino und Giuliano da Settignano erbaut wurde. Der *Turm* wurde 1552 aufgesetzt. An der Ost- und Südseite stehen mittelalterliche Turmhäuser. Die Nordseite des Platzes wird vom *Palazzo delle Logge* begrenzt. Dieser 1573 von Giorgio Vasari entworfene Palast, der das städtebauliche Gleichgewicht des mittelalterlichen Platzes empfindlich stört, beherbergt unter seinen Arkaden Restaurants, Eisdielen und Werkstätten.

San Domenico

Der Schatz der schlichten Kirche (14. Jh.) am Nordrand der Stadt ist ein großes Holzkreuz über dem Hauptaltar, ein Frühwerk Cimabues (um 1265). Im einschiffigen Innenraum mit schöner Holzdecke Reste von Fresken und die gotische Dragondelli-Kapelle. Die Bruchsteinfassade wird von einem romanischen Portal geschmückt. *Piazza San Domencio*

San Francesco

Die Fassade der wuchtigen Kirche blieb unvollendet. Mit ihrem Bau wurde in der zweiten Hälfte des 13. Jhs. begonnen, der einschiffige, 53 x 17 m große Innenraum wurde im 14. Jh. im schmucklosen toskanisch-gotischen Stil der Franziskanerkirchen umgestaltet. Über dem

MARCO POLO Highlights »Herz der Toskana«

★ **Abbazia San Galgano**
Sommerkonzerte in einem von Licht durchfluteten gotischen Kirchenschiff (Seite 51)

★ **San Francesco in Arezzo**
Die Fresken von Piero della Francesca (Seite 33)

★ **Volterra**
Die mittelalterliche Silhouette der einstigen etruskischen Lukomonie Velathri beherrscht weithin das Bild der schönen, spröden Landschaft (Seite 49)

★ **Chianti**
Bewaldete Hügel, ausgedehnte Weingüter, Burgen und Schlösser (Seite 46)

★ **San Gimignano**
Das mittelalterliche »Manhattan der Toskana« in einer hinreißend schönen Hügellandschaft (Seite 48)

★ **Siena**
Der Dom ist ein Wunderwerk toskanischer Gotik, die Stadt ein mittelalterliches Kleinod, der Palio das größte Fest Italiens (Seite 39)

Hochaltar ein bemaltes Holzkruzifix aus der Schule Cimabues (13. Jh.); in der linken Kapelle ein schönes Grabmonument (Mitte 15. Jh.). Der Hauptanziehungspunkt der Basilika ist ihr Hauptchor, den Piero della Francesca in den Jahren 1453 bis 1464 mit den herrlichen ★ Fresken der »Kreuzeslegende« ausmalte. Die Fresken wurden 15 Jahre lang aufwändig restauriert und können nun wieder – nach Voranmeldung – betrachtet werden. *Tel. 05 75 90 04 04, www.pierodellafrancesca.it, Piazza San Francesco*

Santa Maria delle Grazie
Kleine gotische Kirche am südöstlichen Stadtende mit eleganter Säulenvorhalle von Benedetto da Maiano (um 1470). Im einschiffigen Inneren ein schöner Marmoraltar von Andrea della Robbia. *Viale Mecenate*

Santa Maria della Pieve
Der kuriose Glockenturm, *campanile delle cento buche* (Turm der hundert Löcher) genannt, ist von 40 romanischen Doppelbogenfensteröffnungen durchhöhlt. Die dreischiffige Kirche, 1140 auf den Resten einer Kirche aus dem 10. Jh. errichtet, besitzt eine Fassade aus drei übereinander liegenden Sandstein-Säulenreihen im pisanisch-romanischen Stil. Auf dem Hochaltar ist ein schönes Polyptychon von Pietro Lorenzetti aus dem Jahr 1320 zu sehen. Sehenswert ist auch die Krypta. *Corso Italia*

MUSEEN

Casa del Vasari
Das Wohnhaus Giorgio Vasaris (1511–1574), des Malers und Lieblingsarchitekten der Medici-Großherzöge, ist ein typisches Beispiel für den Wohnsitz eines kunstsinni-

gen Großbürgers im Cinquecento. Archiv und Museum. *Mo und Mi–Sa 8.30–19.30 Uhr, So 8.30–13 Uhr, 1. Mai geschl., Via XX Settembre, 55*

Museo Archeologico Statale Gaio Cilnio Mecenate

Auf den Resten des römischen Amphitheaters wurde das ehemalige Olivetanerkloster San Bernardo erbaut, in dessen Räumen heute archäologische Funde ausgestellt sind. Besonders interessant ist die große Sammlung Aretiner Töpferwaren aus römischer Zeit, der *vasi corallini. Tgl. 8.30–19.30 Uhr, 1. Jan., 1. Mai und 25. Dez. geschl., Via Margaritone, 10*

Museo Statale di Arte Medievale e Moderna

Das Museum mittelalterlicher und moderner Kunst, eines der wichtigsten der Region, ist in einem Palazzo aus dem 15. Jh. untergebracht. Es zeigt Gemälde der Florentiner und Aretiner Schule des 13. bis 17. Jhs. Auch eine reichhaltige Sammlung von Majoliken sowie über 3600 Münzen, Siegel und Medaillen sind zu sehen. *Di–So 8.30 bis 19.30, Juli–Sept. 8.30–23 Uhr, Via San Lorentino, 8*

ESSEN & TRINKEN

Buca di San Francesco

Hier essen Sie in den Gewölben eines Palazzo (14. Jh.) gleich neben der Kirche mit den berühmten Fresken. Vorzügliche Küche. *Mo abends und Di geschl., Via San Francesco, 1, Tel. 057 52 32 71,* €€

La Lancia d'Oro

Das gepflegte Restaurant liegt unter der Loggia del Vasari. *So-Abend und Mo geschl., Piazza Grande, 18–19, Tel. 057 52 10 33,* €€

Trattoria Il Saraceno

Wenige Schritte vom Corso Italia eine gemütliche Trattoria mit typisch toskanischen Gerichten zu reellen Preisen. *Mi geschl., Via Mazzini, 6/A, Tel. 057 52 76 44,* €–€€

Le Tastevin

Gepflegtes Restaurant mit vorwiegend regional ausgerichteter Küche. *So geschl., Via de'Cenci, 9, Tel. 057 52 83 04,* €€

EINKAUFEN

In Arezzo und Umgebung kauft man günstig Gold- und Silberwaren, Keramiken, Strohwaren, schmiedeeiserne und Kupferwaren. Auf dem bunten *Wochenmarkt* in der Via Giotto kann man am Samstagvormittag einkaufen. Werktags ist *Markt* auf der Piazza Sant'Agostino. An jedem ersten Sonntag des Monats sowie dem vorangehenden Samstag findet die *Fiera Antiquaria,* ein Antiquitätenmarkt mit über 800 Ausstellern, auf der *Piazza Grande* und in den umliegenden Straßen statt. Er gehört zu den bekanntesten in Italien. Drei Tipps für Schnäppchenjäger: (Insider Tipp) In der *Via Galileo Ferraris 20* finden Sie bei *Lebole (Mo–Fr 10–13.30 und 15–19, Sa und 1. So 9.30–13 und 15–19.30 Uhr)* Bekleidung u. a. von Missoni und Ferrè mit 20 bis 50 Prozent Preisnachlass. Etwas außerhalb in *Montevarchi, Ortsteil Levanella,* residieren *Prada* und *Miu Miu (Mo–Sa 9–19, So 14–19 Uhr):* Tailleurs, Schuhe und Lederwaren für Damen und Herren zu deutlich heruntergesetzten Preisen. Groß und elegant ist der *spaccio* von *Gucci* mit Café – die kurze Fahrt lohnt sich, alle Artikel sind im Fabrikverkauf wesentlich billiger *(Mo–Sa 9–18 Uhr, Via Aretina, 63, 55 km nördlich in Leccio di Reggello an der SS 69)*.

ÜBERNACHTEN

Hotel Continentale

Angenehm am lebhaften Platz Guido Monaco nahe dem Bahnhof. *73 Zi., Piazza Guido Monaco, 7, Tel. 057 52 02 51, Fax 05 75 35 04 85,* €€

Jugendherberge Ostello della Gioventù Villa Severi

Schön und neu mit 68 Betten. *Okt. bis Ostern geschl., Via F. Redi, 13, Tel./Fax 05 75 29 90 47,* €

Hotel Minerva

Modernes, angenehmes Haus nahe der Autobahn mit Bus ins Zentrum. *132 Zi., Via Fiorentina, 4, Tel. 05 75 37 03 90, Fax 05 75 30 24 15,* €€

AM ABEND

Zum Tanzen geht man ins *Grace (Via Madonna del Prato)*. Im Winterhalbjahr Aufführungen im hübschen *Teatro Petrarca (Via Guido Monaco, 12)*.

AUSKUNFT

Piazza Repubblica, 28, 52100 Arezzo, Tel. 05 75 37 76 78, Fax 057 52 08 39, www.turismo.toscana.it

ZIELE IN DER UMGEBUNG

Anghiari [125 D1–2]

Eine schnurgerade Straße verbindet das hoch gelegene Anghiari (6000 Ew.) mit Sansepolcro im Tal. Die Stadt, die noch stark mittelalterliche Züge trägt, wurde zum Teil außerhalb der Burgmauern an der steil abfallenden Straße angelegt. Sehenswert eine achteckige *Abteikirche* (um 1000), die Kirche *Sant'Agostino* (13.–15. Jh.) und der *Palazzo*

Mittelpunkt und Marktplatz: die mittelalterliche Piazza Grande in Arezzo

Steil am Hang liegt das noch stark mittelalterlich geprägte Anghiari

Comunale, alle mit wertvollen Kunstwerken. Die Kirche *Santo Stefano* am Fuß des Hügels stammt aus dem 6. Jh. und ist eine der ältesten Kirchen der Gegend. Im *Palazzo Taglieschi* ist das *Museo dell'Alta Valle del Tevere* mit volkskundlichen Beständen untergebracht *(Di–Sa 8.30–19.30, So 11–19 Uhr)*. In der Ebene von Anghiari wurde 1440 zwischen Florentinern und Mailändern eine Schlacht geschlagen, die Leonardo da Vinci auf einem Kolossalgemälde im Palazzo Vecchio in Florenz wiederzugeben versuchte.

Insider Tipp Gut isst und übernachtet man in einem 4 km südlich gelegenen Gutshof, dem *Castello di Sorci (Mo geschl., Tel. 05 75 78 90 66, Fax 05 75 78 80 22, €)*.

Caprese Michelangelo **[125 D1]**
Auf der Spitze eines Berges liegt das 1600-Seelen-Dorf, in dem am 6. März 1475 Italiens Universalgenie Michelangelo Buonarroti geboren wurde. Das Haus, in dem sein Vater damals *podestà* (Bürgermeister) war, beherbergt heute das *Museo Michelangiolesco* mit Dokumenten aus dem Leben des Künstlers *(16. Juni–Okt. Di–Fr 9.30–18.30, Sa/So 9.30–19.30 Uhr, Nov.–15. Juni Di–Fr 10–17, Sa/So 10–18 Uhr)*. Im restaurierten Teil der nahen *Burg* sind Gipsabgüsse der Werke Michelangelos ausgestellt.

Casentino **[120–121 C–D6, 125 D1]**
Das Casentino genannte Gebiet liegt am Oberlauf des Arno und erstreckt sich etwa von Stia, östlich von Florenz, bis nach Arezzo. Die von Touristen wenig besuchte Gegend mit ihren bewaldeten Höhenzügen, sanften Tälern und schroffen Apenninpässen ist eine wunderschöne Landschaft und auch gleichzeitig eine der historisch interessantesten. Dante Alighieri erwähnt das Casentino des Öfteren; er nahm Insider Tipp

selbst an der Schlacht teil, die 1289 in der Ebene von Campaldino bei Poppi die jahrhundertelangen Kämpfe zwischen Guelfen und Ghibellinen beendete. Zahlreiche *Trutzburgen* aus jener Zeit dominieren die Landschaft – in *Romena, Porciano, Urbech, Castelnuovo, Chitignano, Castellone* und *Poppi.* Die wunderschönen romanischen *Taufkirchen* (Pieve) in *Gropina, Romena, Montemignaio, Socano* (mit dem größten bisher entdeckten Etruskertempel), *Setina* und bedeutende *Klöster* in *Vallombrosa (nur für Gruppen nach Voranmeldung So 15 Uhr, im Sommer auch Di und Fr 10.30 Uhr, Tel. 055 86 22 51), Camaldoli* und *La Verna* geben Zeugnis vom religiösen Leben der Menschen jener Zeit.

Um das Gebiet zu erkunden, fährt man am besten ab Pontassieve auf der SS 67 weiter durch Rufina und biegt nach gut 10 km rechts auf die 556 Richtung Londa. Nun schraubt sich die Straße – mit herrlichen Ausblicken! – bis in nahezu 1000 m Höhe, wo westlich der Kirche Santa Maria delle Grazie der Arno entspringt. Es geht hinab nach Stia (wo Sie den Umweg von 4 km zum *Castello di Romena* und der schönen *Pieve* machen können) und weiter nach *Pratovecchio* – vermutlich der Geburtsort des Malers Paolo Uccello (1397–1475) – und nach *Poppi* mit der *Burg* der Grafen Guidi, die Arnolfo di Cambio als Vorbild für den Palazzo Vecchio in Florenz nahm *(Castello tgl. 10–18 Uhr, 15. Okt.–15. März nur Sa/So 10–19 Uhr).* Hier beginnt die Straße zur *Einsiedelei von Camaldoli (Mo–Sa 8–11.30 und 15–18 Uhr)* in gut 1100 m Höhe, wo von 13 Mönchen bewohnte Eremitenzellen hinter einer Einfriedung im Wald liegen.

Fährt man weiter nach *Bibbiena,* dem Hauptort des Casentino mit altem Stadtkern, kommt man ostwärts über eine wunderschöne Straße zum *Franziskanerheiligtum* auf dem Monte La Verna (1128 m), dem Berg, auf dem der hl. Franziskus im Jahr 1224 seine Stigmata empfing. Der Klosterkomplex mit seinen Kunstwerken und die Grotte, in der der Heilige lebte, können besichtigt werden *(tgl. 6.30–19.30 Uhr).* Auch hier finden Sie ein Hospiz mit Restaurant *(Pastor Angelicus, tgl., Chiusi della Verna, Tel. 05 75 59 90 25, €).*

In der wald- und wildreichen Gegend gibt es einige sehr gute Restaurants und schöne Hotels, etwa das *Ristorante Il Cedro (Mo geschl., Tel. 05 75 55 60 80, €–€€)* mit guter Hausmannskost in *Moggiona* bei Camaldoli oder das *Hotel Ristorante Villa Rigacci (27 Zi., Tel. 05 58 65 65 62, Fax 05 58 65 65 37, www.villarigacci.it, €€€),* eine in einem großen Park in *Reggello-Vaggio* gelegene, stilvoll eingerichtete Villa mit vorzüglichem Restaurant.

Cortona **[125 D3]**

In 495 m Höhe an den Berg gebaut, dominiert die mittelalterliche Stadt (23 000 Ew.) mit ihren steilen, schmalen Gassen und Treppen das Tal. Auch Cortona war eine der zwölf etruskischen Lukomonien – Reste der imposanten Stadtmauern sind noch zu besichtigen. Bedeutende etruskische Grabbeigaben und Funde wie der Leuchter von Cortona und wertvolle Gemälde, u. a. von Pinturicchio und den beiden in Cortona geborenen Malern Luca Signorelli und Gino Severini, sind in den Räumen des *Palazzo Casali* (13./15. Jh.) untergebracht *(Museo dell'Accademia Etrusca, Di–So 10–19, Nov.–März 10–17 Uhr, Piazza Signorelli).*

An der zentralen *Piazza della Repubblica* liegen noch der *Palazzo Comunale* (13. Jh.) mit Turm und schöner Freitreppe und die *Loggia del Grano* (Kornspeicher), von der aus man in das hübsche *Teatro Signorelli* (1857) gelangt. Neben dem *Dom* (16. Jh.) befindet sich das *Museo Diocesano del Capitolo (Sommerhalbjahr Di–So 9.30–13 und 15.30–19 Uhr, Winter 10–13 und 15–17 Uhr);* sehenswert vor allem eine »Verkündigung« von Beato Angelico und zwei bemalte Kruzifixe von Pietro Lorenzetti. Von der Terrasse der *Piazza Garibaldi* hat man einen herrlichen Blick auf die Ebene mit dem Trasimenischen See und dem Monte Amiata im Hintergrund. Ausflüge in das 4 km entfernte *Kloster von Celle (tgl. 8–20 Uhr),* das 1211 von Franz von Assisi gegründet wurde, oder ins 7 km entfernte *Castello di Montecchio Vesponi* (13. Jh.) sind lohnend. Im Städtchen selbst kann man günstig Keramiken, Antiquitäten und Wein einkaufen.

Sehr gepflegt wohnen und essen Sie 3 km Richtung Arezzo im Ortsteil San Martino im *Il Falconiere (19 Zi., Tel. 05 75 61 26 79, Fax 05 75 61 29 27, www.ilfalconiere.com, €€€),* einfacher, aber ebenfalls angenehm unterhalb der Piazza Garibaldi im *Oasi Neumann (62 Zi., Via Contessa, 1, Tel. 05 75 63 03 54, Fax 05 75 63 04 77, €€).*

Lucignano **[124 C3]**

Kreisförmig angelegtes Festungsdorf mit intaktem mittelalterlichem Stadtbild. Im *Palazzo Comunale* bedeutende Fresken der Aretiner und Sieneser Schule *(Di–So 10–13 und 15–18, im Winter 10.30–12.30 und 15.30–17.30 Uhr).*

Monterchi **[125 E2]**

In etruskisch-römischer Zeit war der Platz des kleinen Dorfes ein dem Gott Herkules geweihter Kultort. Heute fährt man in erster Linie nach Monterchi, um das in der Friedhofskapelle abgenommene Fresko »Madonna del Parto« (um 1445) von Piero della Francesca zu bewundern *(Di–So 9–13 und 14 bis 18, im Sommer bis 19 Uhr, Juli/Aug. auch 21–24 Uhr, Scuola Elementare, Via Reglia).*

Monte San Savino **[124 C3]**

Vermutlich ist es Andrea Contucci, genannt Sansovino, zu danken, dass hier die Architektur der Renaissance vorherrscht: Um 1460 hier geboren, errichtete er in seiner Vaterstadt das *Kloster Sant'Agostino;* die *Loggia dei Mercanti* (Markthalle) wird ihm ebenfalls zugeschrieben. Von Antonio da Sangallo d. Ä. stammt der imposante *Palazzo Ciocchi del Monte* (1516). Zu besichtigen sind weiterhin das *Museo della Ceramica (Juni–Nov. Di–So 9–12 und 16–18 Uhr)* und der Wachtturm *Torre Civica (Mitte April–Sept. Sa/So 9.30–12.30 Uhr),* von dem sich eine Atem raubende Sicht ins Land bietet.

Im nahen *Castello di Gargonza,* einem vollständig von einer Mauer umgebenen Burgdorf aus dem 13. Jh., wurden 19 Bauernhäuser zu schönen Ferienwohnungen restauriert *(Azienda Castello di Gargonza, Tel. 05 75 84 70 21, Fax 05 75 84 70 54, www.gargonza.it, €€).* Gleich außerhalb der Mauern das sehr gute Restaurant *La Torre (Di geschl., Tel. 05 75 84 70 65, €€)*.

Sansepolcro **[125 E1]**
Der Geburts- und Sterbeort Piero della Francescas liegt in der weiten Tiberebene. Sein mittelalterlicher Teil ist noch von einer viereckigen Mauer umschlossen. Im *Museo Civico* mit reichen Beständen zwei bedeutende Werke Pieros, der große Flügelaltar »Madonna della Misericordia« und die »Resurrezione« *(tgl. 9.30–13 Uhr und 14.30–18, im Sommer bis 19.30 Uhr)*. Sehenswert sind außerdem die romanische *Kathedrale* und die Kirche *San Francesco*. Im Ortsteil Pieve Vecchia finden Sie sehr schöne Unterkunft und vorzügliche Küche (reservieren!) im *Albergo Ristorante dell'Oroscopo di Paola e Marco Mercati (mittags und So geschl., 10 Zi., Via Palmiro Togliatti, 68, Tel./Fax 05 75 73 48 75, www.relaisoroscopo.com, Hotel €€, Restaurant €€–€€€)*.

Sinalunga **[124 C3]**
30 km südwestlich liegt dieses hübsche mittelalterliche Städtchen (12 000 Ew.) mit schönen barocken Kirchen. 2 km südlich befindet sich die *Locanda dell'Amorosa (Di mittags und Mo geschl., Tel. 05 77 67 94 97, Fax 05 77 63 20 01, €€€)*, ein sehr gut erhaltener Gutskomplex mit einem vorzüglichen Restaurant und 20 Zimmern.

Valdichiana **[125 D2–4]**
Breit und fruchtbar wie ein Garten zieht sich das Chianatal von Arezzo südlich bis hinunter nach Chiusi an der Grenze zu Umbrien. Das Tal der Chiana, durch das auch die Autostrada A 1 nach Rom führt, war einst die Kornkammer Etruriens, und noch heute wird hier die begehrte weiße Rinderrasse Chianina gezüchtet, die das Fleisch für die berühmte *bistecca alla fiorentina* liefert. Auch ein vorzüglicher Weißwein, der Bianco Vergine, wird hier gewonnen – man kauft ihn am besten in der *Cantina Sociale di Cortona* am Fuß des Berges in *Camucia, Viale A. Gramsci, 113*.

Valtiberina **[121 D5–6]**
Der Tiber (Tevere) entspringt auf dem 1407 m hohen Monte Fumaiolo im Apennin, wenige Kilometer von der Quelle des Arno entfernt; die beiden Flüsse verlaufen bis in die Nähe von Arezzo parallel – nur durch den Gebirgszug der Alpe di Catenaia getrennt. Das Tal des Tiber ist rauer und schroffer – Weide- und Holzwirtschaft sind die Haupteinnahmequellen der Gegend. Die Valtiberina wird von der *Superstrada 3 bis* durchlaufen, die Rom mit Ravenna verbindet.

SIENA

Karte auf Seite 44

[136 B–C6] ★ Siena (55 000 Ew.) erhebt sich auf drei Höhenrücken, umgeben von einer üppigen Landschaft mit Weinbergen und Olivenhainen. Die Stadt hat sich ihr mittelalterlich-gotisches Aussehen bewahrt, das sich in den zum Dom hin ansteigenden oder den zum muschelförmigen Rathausplatz Il Campo hinabführenden, schmalen Gassen, den vielen engen Treppen, den zierlichen Bögen, verträumten Plätzen und charakteristischen Häusern aus rot gebranntem Ton zeigt.

An den drei Hauptstraßen – Via di Città, Banchi di Sopra und Banchi di Sotto –, die sich auf den Höhenrücken sternförmig bis zur Piazza del Campo hinziehen, liegen die großen Adelspaläste und die eleganten Geschäfte der Stadt. Auf diesen drei flach verlaufenden Straßen macht das Flanieren auch jenen Vergnügen, die das Hinauf und Hinab durch die engen Gässchen als etwas beschwerlich empfinden. An der höchsten Stelle der Stadt (365 m) erhebt sich majestätisch der gotische Dom aus schwarzem und weißem Marmor, auf der gegenüber liegenden Anhöhe, nordwestlich, die wuchtige Backsteinbasilika San Domenico, und im Nordosten steht, ebenfalls an dominierender Stelle, die Kirche San Francesco. Siena hat eine 700 Jahre alte Universität und mit der Accademia Chigiana eine der bekanntesten und berühmtesten Musikschulen Italiens.

Die Ursprünge Sienas sind unklar; fest steht lediglich, dass es eine römische Kolonie Sena Julia gegeben hat. Während des Mittelalters bis 1555 wurde das kaisertreue Siena vom papstergebenen Florenz bekriegt. Nach grausamen Schlachten und inneren Aufständen wurden die Sienesen am 17. April 1555 endgültig geschlagen. 1559 fiel die Stadt schließlich unter die Herrschaft des Medici-Herzogs Cosimo I. und teilte fortan das Schicksal der gesamten Toskana. 1859 trat Siena als erste toskanische Stadt dem neu gegründeten Staat Italien bei. Handel mit landwirtschaftlichen Produkten und vor allem der florierende Tourismus sind heute die Haupteinnahmequellen der Stadt.

SEHENSWERTES

Il Campo

Cafés und Restaurants in gotischen Palästen säumen das Rund des muschelförmigen Platzes. Sein Pflaster aus roten Backsteinen im Fischgrätmuster wird unterteilt

Der Rathausturm wirft seinen Schatten auf die Piazza del Campo

von weißen Travertinstreifen, die sich an der tiefsten Stelle des abschüssigen Platzes vor dem Palazzo Pubblico treffen; an seiner höchsten Stelle die Fonte Gaia, der 1412 von Jacopo della Quercia entworfene Brunnen, dessen Originalreliefs heute im Palazzo Pubblico zu sehen sind. Der wohl schönste Platz Italiens war seit dem frühen Mittelalter das weltliche Zentrum Sienas: Hier wurden Volksbegehren vorgebracht und Turniere und Wettkämpfe ausgetragen; noch heute findet zweimal jährlich auf dem Platz der Reiterwettkampf der Contraden statt, der berühmte Palio.

Duomo Nuovo

Als Siena zu Beginn des 14. Jhs. eine Zeit großen Reichtums erlebte, beschloss der Rat der Neun (die aus neun reichen Kaufleuten bestehende Stadtregierung), den Dom so zu vergrößern, dass der bisherige Dombau nur noch ein Querschiff des neuen, größeren sein würde. Der Raum zwischen der Südwand des Doms und dem hohen Bogen sollte das Langhaus des neuen Domes werden. 1339 wurde mit dem Bau begonnen, 1348, im Jahr der Pest, die die Bevölkerung auf ein Drittel dezimierte, mussten die Arbeiten eingestellt werden. Durch die Schließung der rechten drei Seitenschiffarkaden entstanden die Räumlichkeiten, in denen 1870 das *Museo dell'Opera Metropolitana* (Dommuseum) mit Marmorskulpturen von Giovanni da Pisano und wichtigen Gemälden der Sieneser Schule von Simone Martini, Taddeo di Bartolo, Ambrogio Lorenzetti u. a. eingerichtet wurde. Der größte Schatz ist jedoch die berühmte »Maestà« (1308–11) von Duccio di Buoninsegna. Vom Museum aus kann man die *Fassade* des Neuen Doms besteigen – mühelos, mit herrlichem Rundblick! *16. März bis Sept. tgl. 9–19.30 Uhr, Okt. 9–18 Uhr, Nov.–15. März 9–13.30 Uhr*

Duomo Santa Maria

Die Fassade von Giovanni Pisano erinnert an die großen französischen Kathedralen, im Innern überwältigt die Ausstattung aus schwarzen und weißen Marmorstreifen, den Farben Sienas. Prachtvoll das geschnitzte Chorgestühl und das runde, nach einem Entwurf Duccio di Buoninsegnas Ende des 13. Jhs. entstandene Glasfenster über dem Chor. Die auf neun Säulen ruhende Marmorkanzel (1266–68) mit den realistisch ausgearbeiteten Halbreliefs ist eine Gemeinschaftsarbeit von Nicola Pisano, dessen Sohn Giovanni und Arnolfo di Cambio. Einzigartig ist der Dom aber durch seinen in 56 verschieden große Felder unterteilten Marmorfußboden mit Darstellungen von Sibyllen und biblischen Szenen. Die ältesten Bilder aus dem Anfang des 15. Jhs. wurden in den Marmor eingeritzt und die Rillen dann mit Teer ausgefüllt, die später entstandenen sind Einlegearbeiten aus verschiedenfarbigem Marmor.

Im linken Seitenschiff der Eingang zur *Libreria Piccolomini*, die Francesco Todeschini Piccolomini, der spätere Papst Pius III., zum Andenken an seinen Onkel, Papst Pius II., und zur Aufnahme von dessen Handschriftensammlung errichten ließ. Die Fresken von Pinturicchio zeigen Stationen aus dem Leben Pius' II. Unterhalb des Domes liegt das *Baptisterium San Giovanni* (1316), ebenfalls mit Fresken

Schwarz und Weiß, die Farben Sienas, prägen auch den Dom Santa Maria

von Pinturicchio und einem sechseckigen Taufbecken mit vergoldeten Bronzereliefs von Donatello, Jacopo della Quercia u. a. *Mitte März bis Okt. tgl. 7.30–19.30 Uhr, Nov. bis Mitte März 7.30–13 und 14.30 bis 17 Uhr, Piazza del Duomo/ Piazza San Giovanni*

Forte di Santa Barbara

Von den begrünten Anlagen der ehemaligen Medici-Festung hat man einen besonders schönen Blick auf die gegenüberliegende Altstadt. *Piazza La Lizza*

Paläste

Sehenswerte Paläste sind vor allem der *Palazzo Piccolomini delle Papesse,* einer der wenigen Renaissancepaläste in der gotisch geprägten Stadt, und der *Palazzo Salimbeni* aus dem 14. Jh., mit den ihn flankierenden *Palazzi Spannocchi* und *Tantucci* Sitz der 1472 gegründeten, ältesten noch existierenden Bank der Welt, des Monte dei Paschi di Siena. Das seit der Gründung geführte, vollständig erhaltene Archiv der Bank kann auf Anfrage besichtigt werden *(Tel. 05 77 29 45 99 oder 05 77 29 67 53). Piazza Salimbeni*

Palazzo Chigi-Saracini

Den im 12. Jh. begonnenen Palast mit einem zinnenbewehrten Turm und dreigeteilten Sieneser Fenstern hält mancher für den schönsten der Stadt. Hier ist die Accademia Musicale Chigiana untergebracht. Im Palast eine große Bibliothek und Gemäldesammlung sowie der barocke Konzertsaal. Informationen über die Sieneser Musikwochen bei der *Accademia Musicale Chigiana, Via di Città, 89, 53100 Siena, Tel. 057 72 20 91, Fax 05 77 28 81 24, www.chigiana.it*

Palazzo Comunale und Museo Civico

Der Palast wurde 1268–1342 als Rathaus der Stadt erbaut. Mit seiner

Ausschmückung wurden die großen Meister der Sieneser Schule beauftragt; die bedeutendsten Fresken sind in den Sälen des 2. Stockwerks zu sehen, in dem das Museo Civico untergebracht ist: die »Auswirkungen der guten Regierung auf Stadt und Land« und das leider schwer beschädigte Fresko der »Schlechten Regierung« von Ambrogio Lorenzetti (1337) in der Sala della Pace; in der großen Sala del Mappamondo die »Maestà« von Simone Martini und das große Fresko des »Guidoriccio« (1328).

Der 88 m hohe Turm, die *Torre del Mangia,* von dem man den schönsten Blick auf die Stadt und die umliegenden Hügel hat, wurde zwischen 1338 und 1348 errichtet, die *Cappella di Piazza* in Form einer Loggia an seiner Basis im Jahr 1352. *Saisonal wechselnde Zeiten, Palazzo Comunale Nov. bis Mitte März tgl. 10–18.30, Mitte März–Okt. 10–19 (Juli/Aug. bis 23) Uhr, Torre del Mangia Nov. bis Mitte März tgl. 10–16, Mitte März bis Okt. 10–19 (Juli/Aug. bis 23) Uhr, Piazza del Campo*

Sant'Agostino

Die 1258 errichtete Kirche der Augustiner beherbergt drei wertvolle, sehenswerte Gemälde von Pietro Perugino (»Kreuzigung«), von Ambrogio Lorenzetti (»Madonna«) und von Giovanni Sodoma (»Hl. Drei Könige«). Man hat hier auch einen wunderschönen Rundblick. *Prato di Sant'Agostino*

San Domenico

Auch vom Vorplatz dieser einschiffigen Backsteinbasilika hat man einen schönen Blick auf die Stadt. Mit dem Bau der Kirche wurde 1226 begonnen, bis 1465 wurde sie ständig erweitert. Im saalartigen Innern Fresken von Sodoma mit Szenen aus dem Leben der hl. Katharina von Siena, deren Haupt in einem Reliquienschrein neben dem Hauptaltar zu sehen ist. *Piazza San Domenico*

San Francesco

Der Anstieg zu dieser Kirche wird durch den Anblick der schönen Fresken von Ambrogio Lorenzetti belohnt. Neben der Kirche das *Oratorium San Bernardino* aus dem 15. Jh. Schöne Fresken von Sodoma und Beccafumi. *Piazza San Francesco*

MUSEEN

Archivio di Stato und Museo delle Tavole di Biccherna

Das im 1469 von Bernardo Rossellino erbauten Palazzo Piccolomini untergebrachte Staatsarchiv beherbergt etwa 62 000 Pergamente und zirka 140 000 historische Aktenbündel, in denen die Geschichte der Stadt dokumentiert ist. Im zugehörigen Museo delle Tavole di Biccherna sind 105 handbemalte, hölzerne Buchdeckel zu sehen, in die bis zum 18. Jh. die Bücher für öffentliche Ausgaben eingebunden wurden; sie wurden von den berühmten Malern der jeweiligen Epochen gestaltet. *Zzt. wegen Renovierung geschl., Banchi di Sotto, 52*

Centro di Arte Contemporanea

Das neueste Museum zeitgenössischer Kunst der Toskana mit einer Videothek und einem Cybercafé wurde im Palazzo delle Papesse (15. Jh.) eröffnet. *Tgl. 12–19 Uhr, Via di Città, 126*

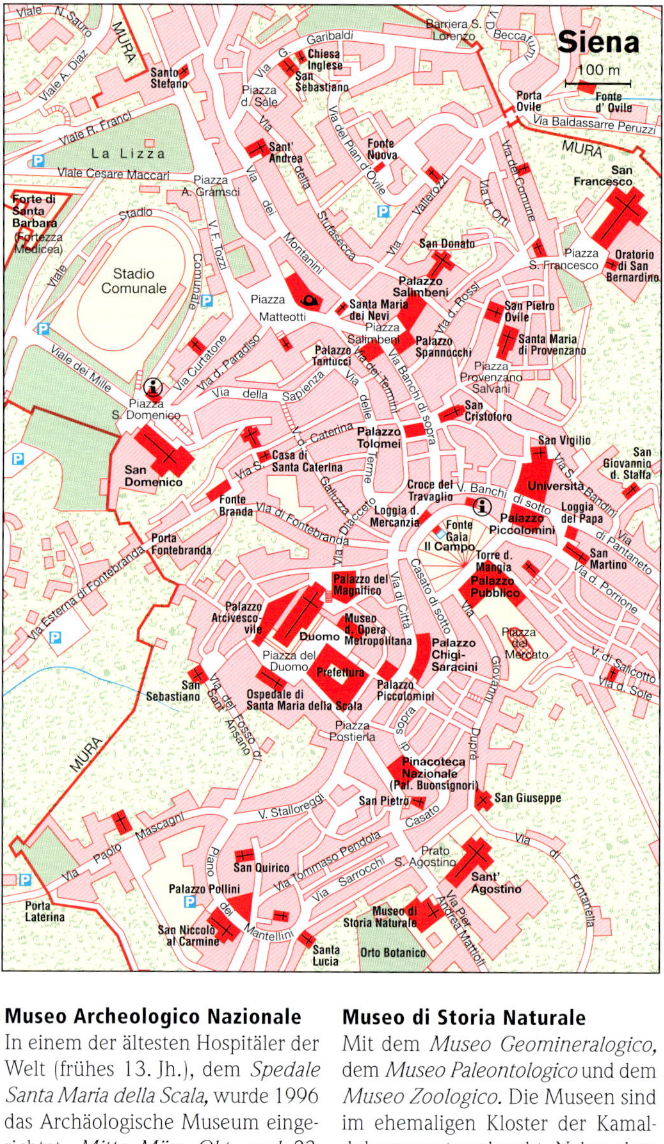

Museo Archeologico Nazionale
In einem der ältesten Hospitäler der Welt (frühes 13. Jh.), dem *Spedale Santa Maria della Scala,* wurde 1996 das Archäologische Museum eingerichtet. *Mitte März–Okt. und 23. Dez.–7. Jan. Mo–Sa 10–18, sonst 10.30–16.30 Uhr, jeden 2. und 4. So im Monat 10–13 Uhr, Piazza Duomo*

Museo di Storia Naturale
Mit dem *Museo Geomineralogico,* dem *Museo Paleontologico* und dem *Museo Zoologico.* Die Museen sind im ehemaligen Kloster der Kamaldulenser untergebracht. Neben dem Kloster erstreckt sich der *Orto Botanico,* der um 1588 angelegte, besonders artenreiche botanische Gar-

ten der Universität. *Museen: Mo bis Fr 9–13 und 15–18 Uhr, Prato Sant'Agostino, 4; Garten: Mo–Fr 8 bis 12.30 und 14.30–17.30 Uhr, Sa 8–12 Uhr, Via Pier Andrea Mattioli, 4*

Pinacoteca Nazionale und Collezione Spannocchi
Im gotischen Palazzo Buonsignori ist eines der bedeutendsten Museen der Toskana mit über 700 Tafelbildern untergebracht, die einen lückenlosen Überblick über die Sieneser Malerei vom 12. bis 16. Jh. vermitteln. In der Sammlung Spannocchi gibt es Gemälde aus Nordeuropa. *Di–Sa 8.15–19.15, So, Mo und während des Winterhalbjahrs 8.30–13.30 Uhr, Via San Pietro, 29*

ESSEN & TRINKEN

Antica Trattoria Botteganova
Gemütlicher Familienbetrieb, überdurchschnittliche Küche. *Mo mittags und So geschl., SS 408 nach Montevarchi, Tel. 05 77 28 42 30, €€€*

Buca San Pietro
Gemütliches Lokal mit toskanischen Spezialitäten nur wenige Schritte vom Campo entfernt. *So geschl., Vicolo San Pietro, 4, Tel. 057 74 01 39, €€*

Il Campo
Typische Gerichte, elegant. *Außer im Sommer Di geschl., Piazza del Campo, 50, Tel. 05 77 28 07 25, €€*

Il Giuggiolo
Hier isst man sehr gut, besonders die bodenständigen Gerichte der ländlichen toskanischen Küche. *Mi geschl., Via Massetana, 30, Tel. 05 77 28 42 95, €€*

Il Grattacielo
Kleines Studentenlokal, in dem man schmackhafte Kleinigkeiten bekommt – aber nur von 8 bis 14 und von 17 bis 20 Uhr (im Sommer allerdings durchgehend). *So geschl., Via dei Pontani, 8, Tel. 05 77 28 93 26, €*

EINKAUFEN

Antica Drogheria Manganelli
Seit 1879 kauft man hier Süßes. *Via di Città, 71–73*

Enoteca Italica Permanente
Größte Weinhandlung Italiens, Degustation und Direktversand. *Mo 12–20 Uhr, Di–Sa 12–0.30/1 Uhr, Fortezza Medicea*

ÜBERNACHTEN

Antica Torre
Geschmackvolle Zimmer, zum Teil mit Balkendecke, in einem Geschlechterturm aus dem 16. Jh. *8 Zi., Via di Fieravecchia, 7, Tel./Fax 05 77 22 22 55, €€*

Casa del Pellegrino
Sehr einfache, sehr preiswerte Unterkunft. Mit etwas Glück bekommt man ein Zimmer mit Panoramablick auf die Altstadt (Vorbestellung ist leider nicht möglich). *32 Zi., Via Camporeggio, 37, Tel. 057 74 41 77, Fax 057 74 76 01, €*

Garden
Herrlicher Blick auf Siena, freundlicher Service, Garten, Tennisplatz und Swimmingpool. *125 Zi., Via Custoza, 2, Tel. 057 74 70 56, Fax 057 74 60 50, www.gardenhotel.it, €€€*

Ostello Il Guidoriccio
Die freundliche Jugendherberge liegt am nördlichen Ende der Stadt. Busverbindung zum Zentrum. *111 Betten, Via Fiorentina, 89, Tel. 057 75 22 12, Fax 05 58 05 01 04, €*

Palazzo Ravizza
Gepflegte Atmosphäre in einem alten Palast mitten im Zentrum. Hotelgarage. *36 Zi., Pian dei Mantellini, 34, Tel. 05 77 28 04 62, Fax 05 77 22 15 97, €€–€€€*

Piccolo Hotel Il Palio
Zentral und preiswert, ideal für Stadtbesichtigungen. *26 Zi., Piazza del Sale, 19, Tel. 05 77 28 11 31, Fax 05 77 28 11 42, €€*

AM ABEND

Liberamente Osteria
Angesagter Treffpunkt mit Tischen auf dem Campo. Im Innern ein Mosaikboden des postmodernen Künstlers und Brunelloanbauers Sandro Chia. *So geschl., Piazza del Campo*

Porta Giustizia 11
Gleich hinter dem Campo – Kerzen und Klaviermusik. *Di–So 21–3 Uhr, Via di Porta Giustizia, 11*

AUSKUNFT

Via di Città, 43, 53100 Siena, Tel. 05 77 28 05 51, Fax 05 77 28 10 41, www.siena.turismo.toscana.it

ZIELE IM NORDEN SIENAS

★ Das Chianti ist auf Grund seiner Lage zwischen Florenz und Siena ein ideales Gebiet, erholsame Ferien zwischen Kunst und Reben zu verbringen – wir geben darum vermehrt Hinweise auf Hotels und Restaurants. Eine gute Jugendherberge ist das *Ostello del Chianti* in *50028 Tavarnelle Val di Pesa (82 Betten, Via Roma, 137, Tel. 05 58 05 02 65, Fax 05 58 06 50 39).*

Insider Tipp: Die besten Adressen für den Urlaub auf einem der Weingüter erhält man bei *Le Stagioni del Chianti (Via Santa Monaca, 2, 50124 Firenze, Tel. 05 52 65 78 42, Fax 05 52 64 51 84, www.stagionidelchianti.com).* Ausflüge und Picknicks zu Fuß oder mit dem Mountainbike organisiert *Affresco (Via de' Benci, 24, 50122 Firenze, Tel. 05 52 47 78 35, Fax 05 52 47 83 08, info@affresco.it),* und wer das Chianti mit dem Heißluftballon überfliegen will, sollte sich an *Idea Balloon* wenden *(Via di Gualdo, 8, 50019 Sesto Fiorentino, Tel./Fax 05 54 48 19 92 und 33 89 07 70 70).* Der Flug (ungefähr eineinhalb Stunden) kostet pro Person 200 Euro.

Castellina in Chianti **[136 B3–4]**
Schöner, mittelalterlicher Ort in den Bergen des Chianti. Am Hang liegt die *Tenuta di Ricavo,* eine geschmackvoll restaurierte Gruppe alter Bauernhäuser mit Pool und Park *(22 Zi., Tel. 05 77 74 02 21, Fax 05 77 74 10 14, €€€).* Hier und in der nahen *Villa Casalecchi (19 Zi., Tel. 05 77 74 02 40, Fax 05 77 74 11 11, www.villacasalecchi.it, €€€)* kann man wirklich erholsame Ferien mit allem Komfort genießen.

Gaiole in Chianti **[137 D3–4]**
Gaiole ist landschaftlich besonders schön gelegen und besitzt zwei sehenswerte romanische Dorfkir-

chen. Dem einstigen Vallombrosanerkloster *Badia a Coltibuono* (11. Jh.), einem der ältesten Weingüter, ist ein Restaurant angeschlossen *(außer im Sommer Mo geschl., Tel. 05 77 74 90 31, €€)*. Im *Castello di Spaltenna* (auch das ein ehemaliges Kloster aus dem 11. Jh.) kann man wundervoll wohnen und essen *(tgl., 37 Zi., Tel. 05 77 74 94 83, Fax 05 77 74 92 69, www.spaltenna.it, €€€)*. 10 km südlich von Gaiole, an der SS 484, liegt das trutzige *Castello di Brolio,* umgeben von 200 ha Weinbergen. Schloss und Kellereien können besichtigt werden *(nach Voranmeldung tgl. 10–12 und 15–17, Sommer 14–18 Uhr, Tel. 05 77 73 01)*.

Greve in Chianti **[136 B2]**
Hauptort (13 000 Ew.) des Chianti mit schönem, von Laubengängen umsäumtem Marktplatz mit dem Hotelrestaurant *Giovanni Da Verrazzano (10 Zi., Tel. 055 85 31 89, Restaurant Mo geschl., €–€€)*. Am Südende der Piazza finden Sie die *Enoteca del Chianti Classico* mit Weinen des Gebiets *(Tel. 055 85 32 97)*. Schlemmer dürfen die Arkaden nicht ohne einen Besuch in der *Vecchia Macelleria Falorni* verlassen! Zu Greve gehört auch die prächtige *Villa Vignamaggio* aus dem 15. Jh. mit ihrem herrlichen Park. Hier wurde Mona Lisa geboren und von Leonardo gemalt. Auf dem alten Gut (Wein und Olivenöl!) wurden Zimmer und Apartments für Gäste eingerichtet *(Cenobio di Villa Vignamaggio, Tel. 055 85 46 61, Fax 05 58 54 44 68, www.vignamaggio.com, €€–€€€)*.

Für einen längeren Aufenthalt empfehlen sich die Apartments im *Podere Torre (Via di San Cresci, 29, Tel./Fax 05 58 54 47 14, www.greve-in-chianti.com/poderetorre.htm, €€)*.

Laubengänge säumen Greves Piazza

Impruneta **[132 B5]**
Die Stadt (15 000 Ew.) ist vor allem berühmt für ihre Töpfereien. Die schönen Terrakottavasen auf der Piazza stammen aus der Werkstatt von *Mario Mariani (Via Cappello, 29)*. Einfach und ordentlich übernachten können Sie im *Hotel Bellavista (12 Zi., Tel. 05 52 01 10 83, Fax 05 52 31 39 29, €)*.

Insider Tipp

Panzano in Chianti **[136 B2]**
Vom Vorplatz der romanischen *Pieve San Leolino* hat man einen herrlichen Blick – wie auch von den meisten Zimmern des Hotels *Villa Sangiovese* am kleinen Dorfplatz *(17 Zi., Tel. 055 85 24 61, Fax 055 85 24 63, €€)*. Halbpension ist in der *Villa Le Barone,* einem Landsitz aus dem 16. Jh. mit schönem Park und Pool, obligatorisch *(27 Zi., Tel. 055 85 26 21, Fax 055 85 22 77, www.villalebarone.it, €€€)*.

Radda in Chianti **[136 C3]**
Radda ist einer der besonders reizvollen Orte im Chianti. Von den

Olivenbäumen, die das mittelalterliche *Castello di Volpaia* in 600 m Höhe umgeben, kommt das beste Öl der Gegend, und auch ein exzellenter Chianti wird hier produziert. Man kann beides mit einem Schinkenbrot in der kleinen *Enoteca* probieren *(Weingut nach Voranmeldung tgl. 9–13 Uhr und 16–19.30 Uhr, Enoteca tgl. 10–19 Uhr, Tel. 05 77 73 80 66, www.volpaia.com)*. Auch Apartmentvermietung. Sehr gepflegt wohnt und isst man im *Relais Vignale (tgl., 20 Zi., Tel. 05 77 73 83 00, Fax 05 77 73 85 92, www.vignale.it, €€€)*. Von März bis Oktober serviert die *Taverna Al Chiasso dei Portici (Di geschl., an der Straße Radda–Castellina, Tel. 05 77 73 87 74, €€)* drinnen und draußen beste Küche.

ZIELE IM NORDWESTEN SIENAS

Colle di Val d'Elsa [135 F4]

Ein interessantes Städtchen, dessen mittelalterlicher Teil sich auf einem Bergrücken hinzieht. Nahe der Ausfahrt Colle Val d'Elsa Nord liegt das *Relais della Rovere (30 Zi., Località La Badia, Tel. 05 77 92 46 96, Fax 05 77 92 44 89, www.chiantiturismo.it, €€€)*. Einst erzbischöfliche Residenz, wurde es in ein ideales Landhotel mit allen Annehmlichkeiten des 21. Jhs. umgestaltet.

Monteriggioni [136 A5]

An der Schnellstraße von Florenz nach Siena gelegen, erhebt sich der Ort wie eine Festung auf einem Hügel. Am Dorfplatz befindet sich das Restaurant *Il Pozzo (So abends und Mo geschl., Tel. 05 77 30 41 27, €€)*. Ein Schlemmertipp ist im 3 km entfernten *Abbadia Isola* (mit Kirche aus dem 9. Jh.) die kleine, feine *Antica Osteria La Leggenda dei Frati (Mo geschl., Tel. 05 77 30 12 22, €€)*.

San Gimignano [135 E3–4]

★ Die Silhouette des »Manhattan der Toskana« zeichnet sich mit ihren 15 bis zu 54 m hohen, mittelalterlichen Geschlechtertürmen schon aus weiter Entfernung ab. Das Städtchen (7000 Ew.) ist zu einem der Hauptziele für Touristen geworden, und entsprechend belebt ist in der Reisezeit die zum Domplatz führende *Via San Giovanni*. Tritt man in die seitlichen Gässchen oder geht hügelabwärts über den Platz hinaus, hat man Ruhe – und oft einen herrlichen Blick in das Umland. Im Mittelalter standen in San Gimignano zeitweise bis zu 72 der festungsähnlichen Wohntürme – einen davon kann man noch heute besteigen (schöner Rundblick!).

Ausgewogen die *Piazza della Cisterna* mit dem Brunnen, dem *Hotel La Cisterna* und dessen Restaurant *Le Terrazze* mit Panoramablick *(Mi mittags und Di geschl., 49 Zi., Tel. 05 77 94 03 28, Fax 05 77 94 20 80, lacisterna@iol.it, €€)* und der anschließende *Domplatz*. Im Inneren der *Collegiata* (12. Jh., im 15. Jh. erweitert) sind vorzüglich erhaltene Freskenzyklen von Barna da Siena, Taddeo di Bartolo, Lippo Memmi, Benozzo Gozzoli und Ghirlandaio zu sehen. Am selben Platz stehen der wappengeschmückte *Palazzo del Popolo* mit seinem schönen Innenhof, in dem das *Museo Civico* und die *Pinakothek* untergebracht sind *(März–Okt. tgl. 9.30–19.30 Uhr,*

Die Geschlechtertürme sind das Erkennungszeichen von San Gimignano

Nov.–Feb. tgl. 10.30–17.30 Uhr), sowie der *Palazzo del Podestà* und der *Palazzo della Propositura* (13. Jh.). Im Norden, nahe der Porta San Matteo, liegt das Kloster *Sant'Agostino* (13. Jh.). Im Kircheninnern sehr schöne Fresken mit Darstellungen aus dem Leben des Heiligen von Benozzo Gozzoli.

Eine empfehlenswerte Unterkunft ist das Hotel *Pescille (50 Zi., Tel. 05 77 94 01 86, Fax 05 77 94 31 65, www.pescille.it, €€–€€€)* 3 km außerhalb mit schönem Blick auf die Stadt, Tennisplatz und Swimmingpool. Ganz zentral liegt das kleine, sehr angenehme *Hotel L'Antico Pozzo (18 Zi., Via San Matteo, 87, Tel. 05 77 94 20 14, Fax 05 77 94 21 17, www.anticopozzo.com, €€–€€€)*. 10 km entfernt in Montaione finden Sie das familiär geführte *Hotel Vecchio Mulino (13 Zi., Tel./Fax 05 71 69 79 66, €€)*. Ein *agriturismo*-Betrieb mitten im Grünen in schöner Panoramalage 9 km entfernt bei Certaldo ist *Podere Arcangelo (Ortsteil Capezzano, Tel./Fax 05 77 94 44 04, €€)* mit Pool und guter Küche.

Volterra [134 C5]

★ Kurvenreich schlängelt sich die Straße zur ehemaligen Etruskerstadt 555 m hinauf und hinab. Regen und Wind haben die ursprüngliche Tuffsteinlandschaft im Laufe der Zeit in eine fremdartige und faszinierende Mondlandschaft verwandelt: *Balze* (Abstürze) haben sich gebildet. Die noch immer nicht zur Ruhe gekommene Erde hat hier während der letzten Jahrzehnte bereits einen Teil der etruskischen Stadtmauer, ein Kloster und zum zweiten Mal die – wieder aufgebaute – Kirche San Giusto mit sich in den Abgrund gerissen. Freigelegt wurden durch die Erdbewegungen einmalige Zeugnisse der Villanova-Kultur (10.–8. Jh. v. Chr.), und die Stadt erhielt damit eine neue Touristenattraktion.

Die Stadt, die heute von der mächtigen *Medici-Festung* (Gefängnis) beherrscht wird, gehörte einst als Velathri zum Zwölferbund der Städte Etruriens. Reste der etruskischen Stadtmauer, der vorzüglich erhaltene *Arco Etrusco* und die große Sammlung von Funden aus jener Epoche zeugen von ihrer Glanzzeit. Im *Museo Guarnacci (Mitte März bis Okt. tgl. 9–19, Nov.–Mitte März 9–14 Uhr, 1. Jan. und 25. Dez. geschl.)* sind über 600 Urnen und Sarkophage ausgestellt – sehenswert! Außer den mit realistischen Darstellungen geschmückten Urnen gibt es noch Vasen und allerlei Schmuckgegenstände – und die überall im Ort als Kopie erhältliche, spindeldürre Bronzestatue des »Abendschattens« *(Ombra della Sera)*.

Die Römer nannten die Stadt Volaterrae – und hinterließen der Nachwelt ein *Amphitheater (Mitte März–Ende Okt. tgl. 10–13 und 14 bis 18 Uhr)*. Heute wird Volterra (12 000 Ew.) jedoch von seinen mittelalterlichen Bauten und Palästen geprägt; ihren Mittelpunkt bildet der festungsartige *Palazzo dei Priori* (Rathaus) von 1208. Gegenüber befindet sich der *Palazzo del Pretorio* mit seiner dreibogigen Loggia, an der Ecke der *Palazzo Incontri* (15. Jh.). Der *Dom* (12. Jh.) mit schlichter Fassade hat im Innern eine sehr schöne Kanzel, außerdem Fresken und Skulpturen. Das achteckige *Baptisterium* (13. Jh.) wird oft für Ausstellungen benutzt. Das *Museo Civico* und die *Pinakothek* mit bedeutenden Werken der Florentiner Schule – besonders sehenswert die »Kreuzabnahme« von Rosso Fiorentino – sind im *Palazzo Minucci Solaini* untergebracht *(geöffnet wie Museo Guarnacci)*.

Alabaster: allgegenwärtig in Volterra

Volterra ist die Stadt des Alabasters. Allenthalben hört man das Surren der Schleifmaschinen, die Läden sind angefüllt mit Kunstwerken aus dem mineralischen Gips. In den *Gallerie Agostiane*, im ehemaligen Augustinerkloster, werden antike und moderne Alabasterarbeiten verkauft, und bei *Rossi-Alabastro* in der *Via del Mandorlo* kann man sich sogar selbst am Alabaster versuchen.

Sehr angenehm und zentral übernachten Sie im Hotel *San Lino (44 Zi., Via San Lino, 26, Tel. 058 88 52 50, Fax 058 88 06 20, hotels.lino@iol.it, €€)* mit vorzüglichem Restaurant, Pool und Parkmöglichkeit, billiger in der Jugendherberge *(Ostello della Gioventù, Via del Poggetto, Tel./Fax 058 88 55 77, €)*. Unterhalb der Festung an der Straße nach Colle di Val d'Elsa serviert das *Da Badò (abends und Mi geschl., Tel. 058 88 64 77, €–€€)* gute regionale Küche.

ZIELE IM SÜDEN SIENAS

Abbazia di Monte Oliveto Maggiore [139 E3]

Gäste sind in der Foresteria des 273 m hoch in Tannenwäldern gelegenen Backstein-Klosterkomplexes (14. Jh.) willkommen *(Anmeldung unter Tel. 05 77 70 76 52)*. Ansehen sollten Sie sich auf jeden Fall den *Kreuzgang,* den Luca Signorelli (1497) und Sodoma (1505) mit 36 Fresken ausmalten *(tgl. 9.15–12 Uhr und 15.15–17 Uhr, im Sommer bis 18 Uhr).* Die 35 km lange Fahrt von Siena über Asciano (SS 438) führt durch die phantastische Erosionslandschaft der Erdeinbrüche, der *crete,* die der Gegend stellenweise ein mondähnliches Aussehen verleihen.

Abbazia di San Galgano **[124 A4]**

Auf einer weiten, grünen Ebene steht einsam die gotische Zisterzienserabtei (um 1224). Nur noch die Außenmauern, der Kapitelsaal und Teile des Kreuzgangs sind erhalten. Im lichtdurchfluteten Kirchenschiff finden während der Sommermonate ★ Konzerte statt (Auskunft: *APT in Siena*). Wenige Schritte entfernt steht auf einer Anhöhe die kleine romanische Kirche *Monte Siepi* mit Fresken von Ambrogio Lorenzetti *(beide tgl. 8–12 und 14 Uhr–Sonnenuntergang).* Zum Essen und Übernachten bietet sich ein besonders reizvolles Hotel mit Bademöglichkeit im Flüsschen Merse und vorzüglicher Küche 15 km östlich bei *San Lorenzo a Merse* an der SS 223 (Siena–Grosseto) an: *La Locanda del Ponte, 23 Zi., Tel. 05 77 75 71 08, Fax 05 77 75 71 10, Hotel €€€, Restaurant €€*

Insider Tipp

Bagni di Petriolo **[138 B5]**

An der SS 223 von Siena nach Grosseto gelegenes *Thermalbad* mit altem Badehaus. Unter den Kaskaden, die mit 43 Grad in den kleinen Fluss Farma stürzen, können Sie sich auch im Winter kostenlos amüsieren.

Insider Tipp

Chianciano und Chianciano Terme **[125 D4]**

Dicht an der Grenze zu Umbrien liegt auf einem Hügel das mittelalterliche Städtchen (Auto stehen lassen – enge Gassen!). In den viel besuchten Thermen im Tal werden vor allem Leberschäden kuriert. Die zum Teil noch aus der Jahrhundertwende stammenden Hotels liegen meist im Grünen. Auskunft über die *APT (Piazza Italia, 67, 53042 Chianciano, Tel. 05 78 67 11 22, Fax 057 86 32 77, www.chianciano.turismo.toscana.it).*

Chiusi **[125 D5]**

Das etruskische Chamars, im 7. und 6. Jh. v. Chr. einer der zwölf Hauptorte des etruskischen Städtebundes, ist auf einem Travertinhügel erbaut und beherrscht weithin das Tal des Chiana. Hauptanziehungspunkt ist das *Museo Archeologico Nazionale* mit seiner großen Sammlung an Urnen und Stelen *(tgl. 9–20 Uhr, Via Porsenna, 93).*

Vorzügliche Gerichte und beste Weine finden Sie im *Ristorante Zaira (im Winter Mo geschl., Via Arunte, 12, Tel. 057 82 02 60, €€),* dessen in Tuffstein gehauener Weinkeller einen Besuch wert ist. Übernachten und gemütlich essen mit Blick auf den Lago di Chiusi können Sie im *La Fattoria (8 Zi., Tel. 057 82 14 07, Fax 057 82 06 44, €€).*

Montalcino **[139 D5]**

Der Ort (5000 Ew.) wird von einer *Festung* aus dem 14. Jh. beherrscht *(April–Okt. tgl. 9–20, Nov.–März Di–So 9–18 Uhr).* Weltweit bekannt ist er durch den hier gekelterten Brunello, der zu den besten Rotweinen Italiens zählt. In der *Enoteca* der Festung können Sie sämtliche Brunellogewächse probieren und einen Imbiss zu sich nehmen. Immer gut besucht ist die rustikale *Osteria Porta al Cassero (Mi geschl., Tel. 05 77 84 71 96, €)*; im guten Hotelrestaurant *Il Giglio (mittags und Di geschl., 12 Zi., Tel./Fax 05 77 84 81 67, €–€€)* kann man auch angenehm übernachten. Die Speisekarte der Taverne in der nahe gelegenen *Fattoria dei Barbi* liest sich wie ein Gedicht. Sie sollten den Weg von 5 km in dieses Weingut nicht scheuen – allein die Kellereien und die kulinarischen Mitbringsel sind eine Reise wert *(Mi geschl., Tel. 05 77 84 82 77, €€)*.

In einem kleinen Tal liegt 10 km südlich eine der beeindruckendsten romanischen Kirchen Italiens, die Abtei *Sant'Antimo*, der Überlieferung nach von Karl dem Großen gegründet. Augustinermönche begleiten die religiösen Funktionen in der mächtigen Basilika (12. Jh.) mit gregorianischen Gesängen.

Monte Amiata **[124 C5]**

Im Hügelland der südlichen Toskana erhebt sich der mächtige Vulkankegel des Monte Amiata bis zu einer Höhe von 1738 m. Seine Abhänge sind mit wildreichen Kastanien- und Eichenwäldern bedeckt. In den Sommermonaten ist hier ein ideales Gelände für Wanderungen mit gut markierten Rundwanderwegen. Genaue Informationen gibt *APT Amiata Via Adua, 25, 53021 Abbadia San Salvatore, Tel. 05 77 77 58 11, Fax 05 77 77 58 77, info@amiata.turismo.toscana.it)*. Vor allem an den Nordhängen wird bis ins fortgeschrittene Frühjahr Wintersport betrieben; zahlreiche Unterkünfte sind in den Bergorten vorhanden. Eine Fahrt durch die ursprüngliche Berglandschaft mit herrlichen Rundblicken ist ein Erlebnis. Sehenswert besonders die Orte *Abbadia San Salvatore* (Benediktinerkloster), *Arcidosso* (Festung), *Piancastagnaia* (Rocca Aldobrandesca) und *Santa Fiora*, wo man sich im *Ristorante Il Barilotto* stärken kann *(Mi geschl., Via Carolina, 24, Tel. 05 64 97 70 89, €€)*.

Insider Tipp

Montepulciano **[124 C4]**

Weinkennern ist das auf einem Hügelrücken gelegene und ganz von einer Mauer umschlossene Städtchen (14 000 Ew.) ein Begriff, wird hier doch der nobelste Wein der Toskana, der Vino Nobile, erzeugt. Schon zu etruskischen Zei-

Südwestlich von Montepulciano thront San Biagio an einer Zypressenallee

ten entstanden, erlebte Montepulciano seine Blütezeit im 15./16. Jh.; viele Paläste zeugen vom ehemaligen Reichtum der Stadt. Die Straßen steigen zur eleganten *Piazza Grande* hinauf, die gesäumt ist vom mittelalterlichen *Palazzo del Capitano del Popolo* (12. Jh.), den *Palazzi Tarugi* und *Contucci* (beide von Andrea da Sangallo, 16. Jh.), dem *Palazzo Comunale* (Michelozzo, 1440) und dem *Dom* (17. Jh.) mit einem schönen Altar von Andrea della Robbia.

Schlafen können Sie gut im Hotel *Il Marzocco (16 Zi., Tel. 05 78 75 72 62, Fax 05 78 75 75 30, €€)*. Wenige Kilometer südwestlich steht die Wallfahrtskirche *San Biagio* (16. Jh.) mit schönem Pfarrhaus (Antonio da Sangallo).

Monticchiello **[124 C4]**
Etwas ganz Besonderes ist dieses kleine Bergnest am Rande der Crete südöstlich von Pienza. Die Bauern und ihre Familien studieren in den Wintermonaten selbst verfasste Stücke aus dem Alltag mit der Problematik ihres Dorflebens ein – im Juli/August stehen sie dann als Akteure auf der winzigen Piazza des Orts. Das *Teatro Povero di Monticchiello (Tel. 05 78 75 51 18)* hat inzwischen internationale Aufmerksamkeit erlangt.

Pienza **[139 F5]**
Ein Muss für Liebhaber der Renaissance! Papst Pius II. beauftragte Anfang des 15. Jhs. die Architekten Leon Battista Alberti und Bernardo Gambarelli, genannt Rossellino, damit, seinen Geburtsort Corsignano in die Idealstadt der Renaissance umzubauen. Ganz ist es vor seinem Tod 1464 nicht gelungen, aber das Herz der Stadt, die *Piazza Piccolomini,* wurde fertig. Das backsteingepflasterte Rechteck wird flankiert vom *Dom,* den *Palazzi Ammanati* und *Vescovile* und dem umgebauten *Prätorenpalast.* Der den Platz beherrschende *Palazzo Piccolomini* öffnet sich auf seiner Rückseite gegen das Orciatal und den Monte Amiata – ein herrlicher Blick, den man vom *Museo Palazzo Piccolomini (Mi–Mo 10–13 und 15 bis 18.30, Nov.–Mitte März nur Sa/So)* genießen kann. Genießen sollten Sie auch den *pecorino* (Schafskäse). Das ganze Jahr über bekommt man ihn und alle Leckereien der Gegend in der *Bottega del Naturalista* im *Corso Rossellino 16.* Wenige Schritte weiter wurden die Zellen eines Klosters aus dem 15. Jh. in 37 stilvolle Hotelzimmer verwandelt *(Il Chiostro di Pienza, Tel. 05 78 74 84 00, Fax 05 78 74 84 40, ilchiostro@jumpy.it, €€€)*. Die *Fattoria La Chiusa* in *Montefollonico* 10 km nordöstlich bietet außer vorzüglichen Speisen in elegantem Rahmen 15 schöne Zimmer und Suiten in einem Nebengebäude *(Di geschl., Tel. 05 77 66 96 68, Fax 05 77 66 95 93, €€€)*.

San Quirico d'Orcia **[139 E–F5]**
Ein typisch sienesischer Ort (2000 Ew.) mit gewundenen Straßen und Backsteintürmen. Sehenswert sind der riesige *Palazzo Chigi* (17. Jh.) und die *Orti Leonini,* ein ausgedehnter Garten im Stil des 16. Jhs. 5 km südlich dampft im pittoresken *Bagno Vignoni* in einem riesigen Becken mitten im Ort 51 Grad warmes Thermalwasser, ebenso im schön gelegenen Hotelrestaurant *Posta Marcucci (46 Zi., Tel. 05 77 88 71 12, Fax 05 77 88 71 19, €€)*.

Marmor und Maremma

Vom Schiefen Turm in Pisa zum lebhaften Badeleben an den Strand

Auf dem rund 300 km langen Küstenstreifen der Toskana ist Abwechslung garantiert: berühmte Städte, Naturschutzgebiete, Etruskergräber – und natürlich Strand- und Badefreuden.

Skurrile Skulpturen bevölkern den Tarockgarten von Niki de Saint-Phalle

ELBA

[122 C6] ★ Die Insel Elba (29 000 Ew.) ist ein kleines Paradies – besonders im Frühling und zu Beginn des Herbstes, wenn der Strom der Touristen etwas nachgelassen hat. Buschwald und Pinienhaine wechseln mit Weinbergen und Obstgärten, schroffe Felsklippen mit sichelförmigen Sandstränden. Die höchste Erhebung der Insel ist der 1019 m hohe *Monte Capanne (Seilbahn von Marciana Alta)*, an dessen Hänge sich mittelalterliche Felsdörfer kauern. Seit 1996 zählt Elba mit seinen Küstengewässern zum Naturschutzgebiet des Parco Nazionale dell'Arcipelago Toscano. Die Insel ist seit der Antike bewohnt, 1814/15 verbrachte Napoleon neun Monate und 21 Tage hier in der Verbannung – und hinterließ Spuren, die bis heute zu den größten Touristenattraktionen zählen. Geologisch Interessierte sollten das *Mineralogische Museum* in *Rio Marina* besuchen, für Napoleon-Begeisterte sind die *Palazzina dei Mulini* in *Portoferraio* und die *Villa San Martino* an der Straße nach Procchio ein Muss. Ausführlich berichtet der MARCO POLO Band »Elba«.

Endlich kann man ihn wieder besteigen: Der Schiefe Turm ist Pisas magischer Anziehungspunkt

ESSEN & TRINKEN

Publius

Publius ist vor allem bekannt für seine vorzüglichen Wildgerichte. Schöner Blick über die Nordküste. *Außer im Sommer Mo geschl., Poggio, Piazza XX Settembre, Tel. 056 59 92 08,* €€

Rendezvous da Marcello
Direkt am Hafen, das richtige Ambiente für ein Fischessen. *Außer im Sommer Mi geschl., Marciana Marina, Piazza della Vittoria, 1, Tel. 056 59 92 51, €€*

ÜBERNACHTEN

Airone
Eine Rarität auf Elba: ein ganzjährig geöffnetes Hotel am Meer! Mit Tennisplätzen, Meerwasserpool und gutem Restaurant. *85 Zi., Portoferraio, Ortsteil San Giovanni, Tel. 05 65 92 91 11, Fax 05 65 91 74 84, €€€*

Piccolo Hotel Barsalini
Nettes Hotel mit guter Küche an der Bucht von Sant'Andrea (Sand- und Kieselstrand). *30 Zi., Marciana Capo Sant'Andrea, Tel. 05 65 90 80 13, Fax 05 65 90 82 64, €–€€*

Pensione Casa Rosa
Familiäres Haus mit guter Küche, 150 m vom Strand, Tennisplätze. *38 Zi., Portoferraio, Ortsteil Biodola, Tel./Fax 05 65 96 99 31 und 05 65 96 98 57, www.elbasolare.it, €€–€€€*

Hotel Hermitage
Ältestes Luxushotel der Insel direkt am Meer, zum Haupthaus gesellen sich Bungalows im Pinienhain. Eigener Golfplatz. Halbpension obligatorisch. *138 Zi., Portoferraio, Ortsteil Biodola, Tel. 05 65 93 69 11, Fax 05 65 96 99 84, www.elba4star.it, €€€*

ANREISE

Wichtigster Fährhafen zur Überfahrt nach Elba ist Piombino. Im Sommer verkehren die Fähren von 5.15 bis 22.20 Uhr ungefähr stündlich. Preis je nach Saison pro Person 6–10 Euro, 20–60 Euro für das Auto. Fahrzeit nach Portoferraio 60, mit der Schnellfähre 25 Minuten.

GIGLIO

[126 A5] ★ Die schroffe, kleine Felsinsel (28 km Küstenumfang) mit bewaldeten Hängen und kleinen Sandbuchten mit glasklarem Wasser – das Paradies der Taucher – wird mehrmals täglich von Porto Santo Stefano angelaufen (Überfahrt 1 Stunde). Anlegestelle ist der malerische, kleine Hafen Giglio Porto; auf dem Gipfel liegt Giglio Castello mit einer Festung, im Westen der Badeort Giglio Campese. Zwei empfehlenswerte Hotels sind das *Castello Monticello* über dem Hafen mit herrlicher Sicht und Parkplatz *(31 Zi., Tel. 05 64 80 92 52, Fax 05 64 80 94 73, €€)* und das *Hotel Campese* im mediterranen Stil direkt am schönsten Strand der Insel *(39 Zi., Tel. 05 64 80 40 03, Fax 05 64 80 40 93, www.hotelcampese.com, €€)*. Das Auto sollten Sie auf dem Festland lassen und den Linienbus benutzen.

GROSSETO

[126 B2–3] Im flachen Mündungsgebiet des Flusses Ombrone gelegen, hat sich Grosseto (73 000 Ew.) im 20. Jh. zu einem der landwirtschaftlich wichtigsten Zentren der südlichen Toskana entwickelt. Bis es so weit war, mussten über Jahrhunderte Versuche unternommen werden, diese malariaverseuchte Gegend trockenzulegen. Als die

Stadt im 16. Jh. unter Florentiner Herrschaft und an die Medici gefallen war, wurde sie von einer sternförmigen Festungsmauer umgeben, auf deren Bastionen man spazieren gehen kann.

SEHENSWERTES

Das historische Zentrum mit dem *Dom* und der Kirche *San Francesco* mit einem sehr schönen Kruzifix von Duccio da Buoninsegna lohnt einen Bummel.

MUSEEN

Museo Archeologico e d'Arte della Maremma und Museo Diocesano d'Arte Sacra
Die beiden Museen sind im selben Palast untergebracht. Das Archäologische Museum zeigt Funde der Provinz, hauptsächlich etruskischer Herkunft. Im Museo Diocesano Tafelbilder der Sieneser Schule, Majoliken und Kleinkunst. *März und April Di–So 9–13 und 16–18, Mai bis Okt. Di–So 10–13 und 17–20, Nov.–Feb. Di–Fr 9–13, Sa/So 16 bis 18 Uhr, 1. Jan., 1. Mai und 25. Dez. geschl., Piazza Baccarini, 3*

ESSEN & TRINKEN

Ristorante Buca San Lorenzo
Direkt an der Stadtmauer gelegen, elegant, mit kreativer Küche. *So geschl., Viale Manetti, 1, Tel. 056 42 51 42, €€*

Osteria del Ponte Rotto
10 km von Grosseto in Richtung Scansano. Gute, bodenständige Kü-

MARCO POLO Highlights »Küstengebiete«

★ **Carrara**
Die Marmorstadt zwischen den Steinbrüchen der Apuanischen Alpen und den eleganten Seebädern der Versilia (Seite 67)

★ **Campo dei Miracoli in Pisa**
Schiefer Turm, Dom und Baptisterium bilden eine der geschlossensten kirchlichen Gesamtanlagen (Seite 71 und 72)

★ **Parco Naturale della Maremma**
Der artenreichste Naturpark der Toskana (Seite 59)

★ **Populonia am Golf von Baratti**
Den Besuch der etruskischen Gräber sollten Sie mit einem Bad im herrlichen Golf verbinden (Seite 64)

★ **Arcipelago Toscano**
Um Elba und Giglio liegen die besten Tauchreviere, die Inselregion ist ein Paradies für Segler und Surfer (Seite 55 und 56)

★ **Sovana**
Der mittelalterliche Ort liegt oberhalb der ausgedehnten etruskischen Nekropole (Seite 61)

che, im Sommer wird unter einer schattigen Pergola über dem Fluss serviert. *Mi geschl., Istia d'Ombrone, Via Scansano, 636, Tel. 05 64 40 93 73,* €–€€

EINKAUFEN

Die Maremma ist für ihren *pecorino* (Schafskäse) und die Wildschweinprodukte berühmt. Beides bekommen Sie auf dem *Wochenmarkt* Do vormittags auf der *Piazza del Mercato* in Grosseto. In der *Bottega del Seggiolaio (Via Chiasso degli Zuavi 5 a)* werden noch die berühmten Schaukelstühle der *butteri*, der Cowboys der Maremma, und Stühle und Sessel in Flechtwerk gearbeitet.

ÜBERNACHTEN

Grandhotel Bastiani
Im Zentrum, ohne eigenes Restaurant. *48 Zi., Piazza Gioberti, 64, Tel. 056 42 00 47, Fax 056 42 93 21,* €€€

Albergo Maremma
Ebenfalls im Zentrum mit gemütlichem Restaurant *(So abends und Mo geschl., Tel. 056 42 11 77). 34 Zi., Via F. Paolucci de' Calboli, 11, Tel. 056 42 22 93, Fax 056 42 20 51,* €€

Mediterraneo
13 km westlich in Marina di Grosseto direkt am Meer. *52 Zi., Viale 24 Maggio, 70, Tel. 056 43 45 00, Fax 056 43 52 61,* €€

AUSKUNFT

Via Fucini, 43, 58100 Grosseto, Tel. 05 64 41 43 03, Fax 056 42 65 71, www.grosseto.turismo.toscana.it

ZIELE IN DER UMGEBUNG

Ansedonia **[126 C5]**
Die in den Felsen gehauene *Tagliata Etrusca*, ein Kanal, der den Zu- und Abfluss des Meerwassers reguliert, und das im Ausgrabungsfeld der Scavi di Cosa gelegene *Museum (tgl. 9–19 Uhr)* lohnen den Besuch dieser alten Etruskerstadt am Meer.

Capalbio **[126 C4]**
Im südlichsten Teil der Maremma gelegenes Bergstädtchen. Sehenswert das Skulpturenmuseum *Giardino dei Tarocchi* der Bildhauerin Niki de Saint-Phalle in Garavicchio *(Mitte Mai–Okt. tgl. 14.30–19.30 Uhr, Nov.–Mitte Mai 1. Sa im Monat 9–13 Uhr, www.nikidesaintphalle.com, SS 1 Abfahrt Pescia Fiorentina, dann 1 km landeinwärts).* Wildspezialitäten in den

Insider Tipp

Ein farbenprächtiges Kuriositätenkabinett ist der Giardino dei Tarocchi

Trattorien *Da Maria (Di geschl., Tel. 05 64 89 60 14, €€)* und *La Porta (Di geschl., Tel. 05 64 89 63 11, €–€€).*

Colline Metallifere **[123 E–F 3–4]**
Eine schöne Straße, die SS 439, durchquert das meist mit dichtem Buschwald bewachsene Gebiet der nördlichen Maremma von Saline di Volterra über Larderello mit seinen geothermischen Anlagen bis nach Massa Marittima. Etrusker und Römer schürften in diesen »metallhaltigen Hügeln« bereits Erze zur Silber-, Eisen- und Kupfergewinnung. Heute sind fast alle Minen geschlossen.

Lago di Burano **[126 C5]**
Insider Tipp
Das mit dem Meer verbundene, 300 ha große Sumpfgebiet ist eines der letzten Reservate vieler Wasservögel. Zugang bei km 131 der SS 1 (Aurelia) nahe Capalbio Stazione. *Führungen Sept.–April So 13 und 14.30–17.30 Uhr, Mai–Aug. wegen Vogelschutz geschl.*

Massa Marittima **[126 A1]**
Das »Juwel der Maremma« (9000 Ew.) erhebt sich vor dunklen Wäldern in 380 m Höhe. Der romanisch-gotische *Dom San Cerbone* gehört zu den schönsten der Toskana. Der Domplatz wird vom *Palazzo Pretorio (Museo Archeologico)*, dem *Palazzo Comunale* (mit der berühmten Maestà von Ambrogio Lorenzetti) und dem *Palazzo der Grafen Biserno* aus dem 13. Jh. umgeben. Sehr interessant sind das in einem Stollen eingerichtete *Museo della Miniera (Führungen Di bis So 10.15, 11.15, 12, 15.30, 16.15, April–Sept. auch 17 und 17.45 Uhr)* und das in der Ebene gelegene *Centro Carapax (nur Gruppenführungen an Wochentagen und nach Voranmeldung, Tel. 05 66 94 00 83, Fax 05 66 90 23 87, www.novars.it/carapax)* mit seinen Hunderten von Schildkröten und Weißstörchen in freier Natur. Unterkunft im *Hotel Il Sole (50 Zi., Via della Libertà, 43, Tel. 05 66 90 19 71, Fax 05 66 90 19 59, €€).*

Insider Tipp

Monte Argentario **[126 B4–5]**
Blühende Gärten mit versteckten Villen, klares Wasser und kleine Sandbuchten ließen diese Halbinsel zum Feriendomizil der Reichen und Mächtigen werden. Seit 2000 wird auf dem Monte Argentario während der letzten zwei Wochen im Juni das *Festival Arie e Mare* veranstaltet, das Segelregatten und kulturelle Veranstaltungen verbindet. Hauptort ist *Porto Santo Stefano* im Norden (Fähre nach Giglio, Yachthafen), exklusiver *Porto Ercole* im Süden.

Parco Naturale della Maremma **[126 B3–4]**
★ Seit die Städter die Natur als Ferienparadies entdeckt haben, boomt die Maremma, die Küste und das macchiabewachsene Hinterland, wie keine andere Gegend Italiens. Online können Sie sich über geführte Trekkingtouren für Gruppen *(guideambientali@maremmaonline.it)* und Unterwasserexkursionen *(info@calagaleradiving.com)* informieren.

20 km von Principina al Mare im Norden bis nach Talamone zieht sich der bis zu 4 km breite, artenreichste (Wasservögel, Büffel, Wildpferde) Naturpark der Toskana an der Küste entlang. Die Zufahrt

Die Maremma wurde lange Zeit von wild lebenden Pferden durchzogen

erfolgt in Bussen von *Alberese,* wo Sie die Eintrittskarten erhalten *(Hinfahrt jede volle Stunde von 9 bis 15, Rückfahrt 9–19 Uhr, Juli bis Mitte Sept. nur mit Führung, 3 Führungen vormittags, 1 nachmittags).* Wanderungen verschiedener Länge, Hunde verboten. *Information Tel. 05 64 40 70 98, gestur.pnm @tin.it*

Pitigliano **[127 D3]**

Weinberge ziehen sich die Höhe hinan, auf der sich hart am Absturz des Tuffsteinplateaus die Mauern, ein Aquädukt und die mittelalterlichen Häuser erheben. Von hier kommt der Bianco di Pitigliano – der Wein reift in den Tuffsteinhöhlen der Stadt (4000 Ew.). Als gute Einkaufsquelle gilt die *Cantina Cooperativa Narcisi e Bussi, Via Santa Chiara, 17.* Direkt probieren kann man ihn im Restaurant *(Mo geschl.)* des *Albergo Guastini (27 Zi., Piazza Petruccioli, Tel. 05 64 61 60 65, Fax 05 64 61 66 52, €€).* 20 km östlich auf der panoramareichen SS 74 kommt man zum *Lago di Bolsena,* schon in Latium.

Punta Ala **[123 E6]**

Ein Ferienort aus der Retorte – aber gekonnt gemacht – auf der Elba gegenüber liegenden Halbinsel: der größte Yachthafen der tyrrhenischen Küste mit 900 Liegeplätzen, der schönste Golfplatz, Reitwege, Polofeld, Apartmenthäuser und fünf Hotels ohne besondere Charakteristika, aber mit allen nur wünschenswerten Annehmlichkeiten, alle in der obersten Preiskategorie.

Roselle **[126 B2]**

Die bedeutendste etruskisch-römische *Ausgrabungsstätte* der Gegend mit Zyklopenmauer, Amphitheater, Forum und Villa (7. Jh. v. Chr.) liegt 350 m über dem Tal des Flüsschens Salica an einer alten Römerstraße. Sie ist umgeben von

Buschwald. *Tgl. ab 9 Uhr, Nov. bis Feb. bis 17.30, März/April und Sept./Okt. bis 18.30, Mai–Aug. bis 19.30 Uhr, SS 223 von Grosseto 10 km Richtung Siena*

Saturnia **[126 C3]**

Dem Vulkankrater – leider in ein Schwimmbecken gefasst – entspringen pro Sekunde 800 Liter 37,5 Grad warmes, schwefelhaltiges Thermalwasser; im Hotel *Terme di Saturnia* wird es für Kuren genutzt. In den südlich gelegenen, natürlichen *Wasserfällen* kann man in Tuffsteinwannen ein herrliches, kostenfreies Bad nehmen. Ein halbe Stunde entfernt die Etruskerstätten des *Pian di Palma* – der etwas beschwerliche Weg lohnt sich! Unterkunft findet man im *Wellnesshotel Terme di Saturnia (92 Zi., Tel. 05 64 60 10 61, Fax 05 64 60 12 66, www.termedisaturnia.it, €€€)*. Restaurant mit lokaler Küche und zwölf preiswerten Zimmern: *Locanda Laudomia, Di geschl., Tel./Fax 05 64 62 00 62, €*

Sovana **[127 D3]**

★ Auf einem Tuffsteinplateau über dichten Laubwäldern gelegenes Etruskerörtchen mit schönem romanischen *Dom*. Im *Palazzetto Pretorio* befindet sich das *Centro Documentale del Territorio Sovanese* mit ausgiebiger Dokumentation über die nahe Nekropole. Einen ortskundigen Führer für den Besuch der Gräber finden Sie in der *Taverna Etrusca (Mi geschl., Tel. 05 64 61 61 83, Fax 05 64 61 41 93, €–€€)*, wo man Sie köstlich bewirtet und acht Zimmer zum Übernachten bereithält.

Talamone **[126 B4]**

Kleines Fischerstädtchen am Fuß eines Felsrückens mit hübscher Badebucht und Hafen. Einige gute Fischlokale. Hoch überm Meer das *Albergo Capo d'Uomo (24 Zi., Tel. 05 64 88 70 77, Fax 05 64 88 72 98, €€)*.

Vetulonia **[126 A2]**

Von diesem 346 m hoch in Olivenhainen gelegenen Dorf, das auf

Ein großes Gratisvergnügen sind die heißen Schwefelquellen von Saturnia

den Resten eines wichtigen Etruskerzentrums gebaut wurde, hat man einen herrlichen Blick über die Maremma. Eine bedeutende *Nekropole* liegt in der Ebene.

Vulci **[127 D5]**
Eine der reichen und großen Städte Etruriens in der Ebene des Flusses Fiora ist heute ein wild überwuchertes Feld, in dem Grabräuber reiche Beute machten. Besonders sehenswert ist das so genannte *François-Grab.*

LIVORNO

[122 C1–2] Livorno (161 000 Ew.) ist die größte Hafenstadt und die zweitgrößte Stadt der Toskana. Der Hafen bestimmt das Bild der Stadt im Norden: kilometerlange Container- und Raffinerieanlagen. Die Altstadt durchziehen Kanäle, und die Bastionen um den alten Hafen (Porto Mediceo) zeugen von der früheren Machtstellung der Stadt.

Obwohl Livorno schon zu Zeiten der Römer Flottenstützpunkt war, stand es immer im Schatten von Pisa, bis im 16. Jh. die Florentiner Großherzöge die Stadt zu ihrem wichtigsten Seehafen ausbauten und 1576 durch den Baumeister Bernardo Buontalenti das Projekt einer fünfeckigen »idealen Stadt« verwirklichen ließen. Hiervon sieht der Tourist heute nur noch wenig, denn Livorno wurde im Zweiten Weltkrieg schwer zerstört.

1593 wurde in der Stadt die »Costituzione Livornina« erlassen, die Freiheit und Schutz für alle in der Stadt Asyl Suchenden garantierte. In diesem von Toleranz geprägten Klima siedelten sich Menschen aller Rassen und Glaubensrichtungen an; so hatte Livorno eine der größten und reichsten jüdischen Gemeinden Italiens. Die großen Söhne Livornos sind die Maler Amedeo Modigliani und Giovanni Fattori sowie der Komponist Pietro Mascagni.

SEHENSWERTES

Bootsfahrten Insider-Tipp
Die Hafenbehörde veranstaltet das ganze Jahr hindurch Bootsfahrten durch die Kanäle des alten Stadtteils »Klein-Venedig«. *Auskunft Tel. 05 86 89 70 71*

MUSEUM

Museo Civico Giovanni Fattori
Hier sind vor allem die Werke Giovanni Fattoris und anderer »Macchiaioli« (den Impressionisten nahe stehende Künstlergruppe), aber auch prähistorische Funde ausgestellt. Die Villa umgibt ein schattiger Park. *Di–So 10–13 und 16–19, im Sommer 17–23 Uhr, Villa Mimbelli, Via San Jacopo in Acquaviva, 65*

ESSEN & TRINKEN

Die Livorneser Fischgerichte sind berühmt, vor allem die Fischsuppe *cacciucco.*

Antico Moro Insider-Tipp
Typisches Lokal in einer Gasse beim Markt, in dem Sie ausgezeichnete Fischgerichte essen können. *Mo–Sa mittags und Mi geschl., Via E. Bartelloni, 59, Tel. 05 86 88 46 59, €€*

La Barcarola
Bei Beppino (beim Bahnhof) isst man (nicht nur) den besten *cac-*

ciucco, darin sind sich die Livorneser einig. *So geschl., Viale Carducci, 39, Tel. 05 86 40 23 67,* €€

La Vecchia Senese

Toskanisches, Neapolitanisches und Fisch. *So geschl., Via del Tempio, 14, Tel. 05 86 89 25 60,* €–€€

EINKAUFEN

Die eleganten Geschäfte liegen um die *Via Grande.*

Mercatino Americano

Vom Fallschirm bis zur Coldcream findet man auf dem großen Markt der ehemaligen amerikanischen Truppenbasis fast alles. *Mo 16–19.30, Di–Sa 9–19.30 Uhr, Piazza XX Settembre*

Mercato Centrale

In der typischen Eisenkonstruktion aus der Jahrhundertwende und auf dem Platz davor wird das ganze Spektrum mediterraner Kochzutaten angeboten. *Di–Sa 9–13 Uhr, Via del Cardinale*

ÜBERNACHTEN

Gran Duca

Liegt direkt am Porto Mediceo, mit gutem Restaurant *(Mo mittags geschl.). 81 Zi., Piazza Micheli, 16, Tel. 05 86 89 10 24, Fax 05 86 89 11 53, www.granduca.it,* €€

Il Romito

10 km südlich an der SS 1, an der Steilküste gelegen. Große Terrasse und alle 15 Zimmer direkt über dem Meer. Gutes Restaurant *(außer im Sommer Mi geschl.). Via Aurelia, 274, Tel./Fax 05 86 58 05 20,* €€

SPORT & FREIZEIT

Im Vorort Ardenza die bekannte Pferderennbahn *F. Caprilli, Information Tel. 05 86 81 44 81*

AUSKUNFT

Piazza Cavour, 6, 57126 Livorno, Tel. 05 86 89 81 11, Fax 05 86 89 61 73, www.livorno.turismo.toscana.it

ZIELE IN DER UMGEBUNG

Bolgheri [123 D3]

Die schönste, längste (4,8 km) und berühmteste Zypressenallee Italiens führt zur Burg der Gherardesca, durch die man den mittelalterlichen Weiler betritt. Rechts und links Olivenhaine und Weinberge, in denen der Sassicaia, der berühmteste (und teuerste) Wein Italiens, wächst. Gemütliche Trattorien laden zum Kosten der kulinarischen Spezialitäten – vor allem Wildschweinschinken und -würstchen! – und der vorzüglichen Weine ein – es muss ja nicht ein Sassicaia sein.

Campiglia Marittima [123 D4]

Der kleine Ort war von den Zeiten der Etrusker bis zum Anfang des 20. Jhs. Zentrum des Erzabbaus der Colline Metallifere. 1999 wurde der *Parco Archeominerario di San Silvestro* eröffnet. Sechs zum Teil anspruchsvolle Routen führen zu den Minen. Man lernt die verschiedenen Arten des Abbaus und Transportes kennen und sieht um die Rocca di San Silvestro die Überreste eines frühmittelalterlichen Dorfes. Insider Tipp *Juni und Sept. Di–So (Juli/Aug. tgl.), Okt.–Mai Sa und So, jeweils von 9 Uhr bis zur Dämmerung, auch Führungen, Auskunft Tel. 05 65 83 86 80, Fax 05 65 83 87 03, www.parchivaldicornia.it*

Castiglioncello **[123 D2]**

Mit seinen schmalen Badebuchten vor hohen Felswänden ist dieser Ort ein Kleinod an der toskanischen Küste – und fast ausschließlich von Italienern besucht. Castiglioncello rühmt sich des teuersten und anspruchsvollsten Bade- und Nachtlebens dieser Küste. Am Südende, in *Caletta*, finden Sie *La Marinella*, eine nette, kleine Pension am Meer *(19 Zi., Via Giovanni Marradi, 12, Tel. 05 86 79 42 04, Fax 05 86 75 40 82, €€)*. Eleganter, mit Pool, ist die hoch über dem Meer nahe der Piazza gelegene *Villa Parisi (20 Zi., Via Monti, 10, Tel. 05 86 75 16 98, Fax 05 86 75 11 67, bricoli@tiscalinet.it, €€€)*.

Etruskische Riviera **[122 C2, 123 D3–5]**

Die Küste südlich von Livorno hat ihren Namen nach den vielen etruskischen Funden im Hinterland erhalten. Unmittelbar südlich der Stadt beginnt eine etwa 20 km lange Steilküste, deren Hinterland von Pinienwäldern und dichtem Buschwald bedeckt ist. Die Via Aurelia (SS 1) führt direkt am Meer entlang, bei klarem Wetter reicht der Blick bis Korsika. Dann beginnen die Hügel zurückzutreten, der Strand wird flach, und eine weite, fruchtbare Ebene dehnt sich vom Meer bis Piombino: die einstigen Sumpfgebiete der Maremma.

Populonia **[123 D5]**

★ Im Golf von Baratti, der sich mit seinem schönen Sandstrand am Fuß der alten Etruskerstadt ausdehnt, hatten die Etrusker ihren einzigen Hafen. Sie schmolzen hier damals das auf Elba und in den Metallbergen gewonnene Erz. In den Schlackenbergen wurde 1908 eine große Nekropole entdeckt. Das Gelände wurde zu einem *Archäologischen Park (Mai–Mitte Juni Di bis So, Mitte Juni–Aug. auch Mo 9–20, Sept./Okt. und März/April Di–So*

Zu Füßen der Etruskerstadt Populonia erstreckt sich der Golf von Baratti

9–18 Uhr, Nov.–Feb. Di–Fr 9–14, Sa/So 10–16 Uhr, www.parchivaldicornia.it) ausgebaut. Drei ein- bis dreistündige Wanderwege sind ausgewiesen, mehrmals täglich finden auch Führungen statt.

Vorzügliche Fischgerichte bei herrlichem Meeresblick genießt man in der *Trattoria La Pergola (April–Sept. tgl., Tel. 056 52 95 96, €€–€€€)*. Vom Örtchen *Populonia* haben Sie einen weiten Blick über den Golf bis nach Elba.

San Vincenzo **[123 D4]**

Ein immer lebhaftes Städtchen (7000 Ew.). Die Hügel der Colline Metallifere reichen bis ans Meer, und im Süden gehen die breiten, weißen Sandstrände in dichte Pinienwälder über, die die Straße bis hin zum Golf von Baratti säumen. An den Ostertagen reiten Jockeys des Palio hier ein spannendes Rennen am Strand. Viele Veranstaltungen umrahmen das Ereignis in der Vorwoche. Am Meer finden Sie Fischrestaurants und Pizzerien aller Preislagen, aber auch eines der besten Restaurants Italiens (reservieren!), das *Gambero Rosso (Mo und Di geschl., Piazza della Vittoria, Tel. 05 65 70 10 21, €€€)*, in dem Sie vorzüglich essen, aber auch Olivenöl und andere Köstlichkeiten kaufen können.

MASSA

[118 C3–4] Die Provinz Massa-Carrara im nordwestlichen Zipfel der Toskana, die hauptsächlich das Gebiet der Lunigiana beiderseits des Magratals bis zum Cisapass umschließt, unterscheidet sich geologisch und wirtschaftlich wesentlich von den übrigen Provinzen der Toskana. Der industriell unerschlossene Norden besteht zu vier Fünfteln aus bewaldetem Bergland. Einzige Einkommensquelle war in dieser Gegend noch bis nach 1945 der Marmor.

In der zweiten Hälfte des 19. Jhs. führten Verarmung, Hunger und die harte und gefährliche Arbeit in den Steinbrüchen der »Marmorbarone« immer wieder zu Aufständen, aber 1902 hatten die Marmorarbeiter die besten Arbeitsverträge durchgesetzt, die es damals in Italien gab. 1945 wurde in Carrara die FAI (Federazione Anarchica Italiana), die italienische Anarchisten-Föderation, gegründet; noch heute gibt es ein Anarchistencafé und eine Anarchistenzeitung. Selbst dem Domplatz wurde der freiheitliche Stempel aufgedrückt: »Freier Platz für freie Menschen«, ist dort auf einer Tafel zu lesen.

Landschaftlich liegen die beiden Städte Massa und Carrara in einer geradezu traumhaft schönen Kulisse, gebildet vom Ligurischen Meer im Westen und den Bergen der Apuanischen Alpen mit den weithin weiß leuchtenden Marmorbrüchen und den Gipfeln des Monte Pisanino (1945 m) und Monte Sagro (1749 m) im Osten. Im Sommer werden die leuchtend weißen Abgründe der Marmorbrüche über Carrara von Touristen oft für Schneefelder gehalten. Bis zu einer Höhe von 700 m werden die Bergflanken bedeckt von Schirmpinien, Olivenhainen, Weinbergen und Kastanienwäldern; an den Kalkhängen wachsen vor allem Eichen und Buchen, die sich bis zur Baumgrenze emporziehen. Gut markierte Wege und zahlreiche Schutzhütten

Insider Tipp

(rifugi) machen die Gegend zu einem Paradies für Naturfreunde, Wanderer und Bergsteiger. Der hier angelegte Naturpark *(Parco Naturale delle Alpi Apuane, www.parcapuane.toscana.it)* hat eine Ausdehnung von mehr als 500 km² und umfasst praktisch das ganze Gebirge.

Bei Gästen aus dem In- und Ausland war die Gegend zu Füßen des Gebirges, die Versilia, schon immer beliebt. Von den Apuanischen Alpen gegen raue Winde geschützt, war dieser Küstenstrich bereits um die Jahrhundertwende das ganze Jahr hindurch Treffpunkt der feinen Leute und Künstler und gilt auch heute noch als die mondänste Badeecke der Toskana. Keine andere Provinz hat sich inzwischen so viel einfallen lassen, um die Urlauber zu unterhalten: An der Küste der Versilia reihen sich die Sonnenschirme in bunter Folge, man treibt jede Art von Sport oder liegt einfach faul im weißen, weichen Sand, der sich kilometerlang am Meer hinzieht. Schlichte Trattorien locken mit einfacher Küche, elegante Restaurants mit raffinierten Kreationen, in *enoteche* spült man die Häppchen mit Candia hinunter, einem herben Weißwein, der an den Hängen der Alpi Apuane wächst und den man sonst nirgends bekommt. Am Abend ist die ganze Küste von Marina di Carrara bis Viareggio eine sichelförmige Lichterkette, und unter den Palmen der Uferpromenade lassen sich die Menschen treiben. Jetzt warten Konzerte und Theater, Cafés, Eisdielen, Diskos und Nightclubs auf die Gäste.

Die Provinzhauptstadt Massa (67 000 Ew.) erstreckt sich beiderseits der Autostrada della Versilia vom Badeort Marina bis zum dicht bewaldeten Fuß der Apuanischen Alpen. In der Niederung haben sich Industriewerke angesiedelt, eine 4,5 km lange Allee führt zum Meer, Gründerzeitvillen säumen sie. Die Stadt liegt am Hang, mit engen und verwinkelten Gassen, aber auch mit Palmen und viel weißem Marmor – ganz untoskanisch.

Schirmherrschaft: Strandleben in Marina di Massa an der Versiliaküste

SEHENSWERTES

Castello Malaspina

Die ursprüngliche Festung über der Stadt wurde im 16. Jh. in einen Renaissancepalast umgebaut. Herrlicher Blick zum Meer! *Sommer Di–So 9.30–12.30 und 16.30 bis 19.30 Uhr, Winter Fr 9.30 bis 12.30 und So 16.30–19.30 Uhr*

Dom
Schöne Marmorfassade, barocke Innenausstattung und eine Fürstengruft.

Palazzo Cybo-Malaspina
Ein düsterer Palast von 1560 mit schönem Innenhof mit Arkadengängen (heute Präfektur). *Piazza Aranci*

MUSEUM

Museo Etnologico delle Apuane
Mehr als 100 000 Gegenstände und Dokumente zu Leben und Brauchtum im Gebiet der Apuanischen Alpen werden in diesem Museum gezeigt. *Di–So 17–19 Uhr, Via Uliveto, 85*

ESSEN & TRINKEN

Il Bottaccio
Eine alte Ölmühle 5 km außerhalb in Montignoso wurde mit italienischem Design in ein erstklassiges Restaurant verwandelt. Auch (Luxus-)Apartments. *Tgl., Tel. 05 85 34 00 31, Fax 05 85 34 01 03, www.bottaccio.com, €€€*

Il Passeggero
Osteria im Kellergeschoss eines alten Palazzo im Zentrum an der Piazza Aranci. Typische Gerichte der Gegend und ausgezeichnete *dolci. Mo abends und So geschl., Via Alberica, 1, Tel. 05 85 48 96 51, €*

ÜBERNACHTEN

In Massa selbst ist das *Galleria (18 Zi., Viale della Democrazia, 2, Tel. 058 54 21 37, Fax 05 85 48 91 06, €)* empfehlenswert. In Marina di Massa finden Sie einige Hotels, die das ganze Jahr hindurch geöffnet sind, sowie eine schöne, direkt am Strand gelegene *Jugendherberge (Via delle Pinete, 237, Tel. 05 85 78 00 34, Fax 05 85 77 42 66, €).*

AM ABEND

Marina di Massa bietet während der Saison ein lebendiges Programm – von November bis Mai bleiben nur die Vorstellungen im *Teatro Comunale* in Massa.

AUSKUNFT

Lungomare Vespucci, 24, 54037 Marina di Massa, Tel. 05 85 24 00 63, Fax 05 85 86 90 15, www.turismo.toscana.it

ZIELE IN DER UMGEBUNG

Carrara **[118 B3]**
★ Die Marmorstadt (66 000 Ew.) schiebt sich 100 m höher den Hang hinauf als die 5 km entfernte Schwesterstadt. Ihr Name kommt von »kar«, Stein: Die Marmorblöcke warten darauf, verladen zu werden, der »Milchbach«, den der Staub der Marmorsägereien weiß gefärbt hat, durchfließt die Stadt. Im *Palazzo Malaspina* (16. Jh.) mit seinem schönen Innenhof ist die *Accademia di Belle Arti,* die Kunstakademie, untergebracht; zurzeit kann nur die Bibliothek besichtigt werden *(Mo–Fr 9–13 Uhr, Via Roma, 1, Tel. 058 57 16 58).* Alle zwei Jahre (2002, 2004 …) verwandelt sich die *Piazza Alberica* von Ende Juli bis Anfang August in ein Freiluftatelier: Man kann Bildhauern aus aller Welt bei der Arbeit zusehen. Marmorverkleidet ist der

Insider Tipp

romanisch-gotische *Dom* (11. Jh.) und ganz aus Marmor der *»Riesen«-Brunnen* von Baccio Bandinelli.

Forte dei Marmi **[118 C4]**
Die beste Adresse am nördlichen Küstenstreifen der Toskana. Entsprechend sind auch die Preise – und alles ist fest in italienischen Händen. Elegante Geschäfte, gepflegter Strand, beste Restaurants *(Lorenzo, Juli/Aug. mittags, sonst Mo geschl., Via Carducci, 61, Tel. 05 84 87 40 30, €€€)*, Hotels der Luxusklasse *(Byron, 28 Zi., Viale Morin, 46, Tel. 05 84 78 70 52, Fax 05 84 78 71 52, www.hotelbyron.net, €€€)* und das mondänste Nachtleben. Ein *18-Loch-Golfplatz (Versilia Golf Club, Tel. 05 84 88 15 74, www.versiliagolf.com)* ergänzt das Angebot. Geradezu ein Geheimtipp ist die kleine Insider Tipp *Osteria Ulisse (außer im Sommer Di geschl., Via Campana, 183, Tel. 05 84 75 74 20, €–€€)* ein paar Kilometer landeinwärts in *Seravezza.*

Auskunft: *Viale Achille Franceschi, 8 b, 55042 Forte dei Marmi, Tel. 058 48 00 91, Fax 058 48 32 14, www.versilia.turismo.toscana.it*

Lido di Camaiore **[118 C4]**
Ein familienfreundliches Seebad mit 3 km Sandstrand und großem Kinderspielplatz in der Pineta. Gut und angenehm essen Sie im Ristorante *Ariston Mare* direkt am Meer *(im Winter Mo und außer Fr–So mittags geschl., Viale Colombo, 660, Tel. 05 84 90 47 47, €€–€€€)*. Einen herrlichen Blick über die ganze Küste hat man von der Veranda des *Ristorante Il Vignaccio* in *Santa Lucia* unterhalb von Camaiore *(im Sommer nur abends, außer Juli/Aug. Mi geschl., Tel. 05 84 91 42 00, €€)*.

Lunigiana **[118 A–B 1–2]**
Man sollte auf der schönen, kurvenreichen SS 62 die Strecke zum Cisapass (1039 m) zurücklegen. Auf beiden Seiten wird die Passstraße, die dem Verlauf der mittelalterlichen Via Francigena folgt, von Festungen und Burgen gesäumt; in *Sorano* ist eine schöne romanische *Pieve* (Dorfkirche) zu besichtigen. Besonders sehenswert ist *Pontremoli,* vor allem wegen seiner Kirchen *Santissima Annunziata* (16. Jh.), *San Francesco* und des barocken *Doms.* Im *Castello Piagnaro* (15. Jh.) ist ein *Museum* mit den in der Gegend gefundenen Stelen aus dem 2.–1. Jahrtausend v. Chr. eingerichtet: *Museo delle Statue-Stele Lunigianesi (Di–So 9–12 und 15–18 Uhr, Winter 9–12 und 14–17 Uhr, 1. Jan., 1. Mai und 25. Dez. geschl.).* Gut markierte Wanderwege ziehen sich das Tal entlang, von einem mittelalterlichen Ort zum nächsten, über jahrhundertealte Brücken und vorbei an typischen Gasthöfen (Auskunft: *Trekking Lunigiana, Tel. 01 87 83 00 75, www.lunigiana.ms.it*). In der Küche der Lunigiana stehen Wildgerichte und Pilze obenan. Genannt sei die *Trattoria del Giardino* in *Pontremoli,* wo Sie auch Produkte der Gegend einkaufen können *(im Winter So abends und Mo geschl., Via Ricci Armani, 13, Tel. 01 87 83 01 20, €–€€);* zum Übernachten empfiehlt sich das Hotelrestaurant *Rustichello* in *Madonna del Monte* bei Mulazzo *(im Winter Di geschl., 8 Zi., Ortsteil Crocetta, Tel. /Fax 01 87 43 97 59, €).*

Marina di Carrara **[118 B3–4]**
Mit schönem Yachthafen. Das *Marmormuseum (tgl. Mai und Okt.*

Mo–Sa 10–17, Juni–Sept. 10–20, Nov.–April 8.30–13.30 Uhr, Viale XX Settembre) in Marina di Carrara zeigt in sechs Sektionen anschaulich die Geschichte des Marmors – Abbau, Bearbeitung und Verwertung.

Marina di Massa (das Camperparadies) und *Marina di Pietrasanta* sind weitere Badeorte an der nördlichen Versilia. Herrliche Sandstrände, Pinienwälder und ein reges Badeleben auch hier, jedoch preiswerter als die anderen Küstenorte.

Marmorbrüche [118 C3]

Die *cave* sind von Carrara über gut ausgeschilderte Straßen erreichbar (Vorsicht – viele Marmorschlepper!). Am Straßenrand Verkaufsstände mit Marmorkleinkunst. In der *Locanda Apuana* in *Colonnata* überzeugen das angenehme Ambiente und die vorzügliche Küche *(So-Abend und Mo geschl., Tel. 05 85 76 80 17, €€)*. Der *lardo di Colonnata* (in Marmorwannen unter Zugabe von Meersalz und vielerlei Kräutern gereifter Speck), den man hier kosten und kaufen kann, ist eine besonders gefragte Spezialität dieser Gegend. Auf der Fahrt zu den Marmorbrüchen von *Fantiscritti* kommt man zu den Brücken von *Vara,* die im 19. Jh. für den Abtransport des Marmors gebaut wurden. Im Ort selbst ein kleines *Museum (Ostern–Nov. tgl. 9–19 Uhr, sonst nach Voranmeldung, Tel. 05 85 77 92 94)*, das anschaulich über die herkömmlichen Methoden des Marmorabbaus informiert.

Pietrasanta [118 C4]

Eigentlich gehört Pietrasanta (25 000 Ew.) noch in die Provinz

Der Marmor prägt Leben und Landschaft um Pietrasanta

Lucca, aber das Leben hier wird ebenso wie in Massa und Carrara vom Marmor geprägt. Das Hinterland mit seinen Villen und Olivenhainen steigt hier langsamer an – alles ist gefälliger. Weniger die harte Arbeit in den Brüchen, mehr die Bearbeitung des Marmors, die Kunst, hat die Menschen geformt. Mittelpunkt der Stadt ist der lang gezogene *Domplatz* mit der *Collegiata di San Martino* (13. Jh. – natürlich ganz aus Marmor) und ihrem Backsteincampanile, flankiert von der Kirche *Sant'Agostino* (12. Jh.) aus hellem Travertin. Im ehemaligen Kloster ist das *Centro Culturale Luigi Russo* mit dem *Museo dei Bozzetti* untergebracht, mit Zeichnungen und Entwürfen für Skulpturen *(Mitte Juni–Mitte Sept. Di–So 18–20 und 21–24 Uhr, Mitte Sept.–Mitte Juni Di–Do 9–12, Di–Fr 14.30–19 und 21–23.30, Sa 14.30–18 Uhr, www.versilia.toscana.it)*. Die zinnengekrönte Mauer der mittelalterlichen *Rocca di Sala* schließt den Platz gegen Osten ab. In einem Palast an der zentralen Via Garibaldi wartet das kleine, sehr angenehme *Hotel Albergo Pietrasanta*

(19 Zi., Tel. 05 84 79 37 26, Fax 05 84 79 37 28, www.albergopietrasanta.com, €€€) auf Gäste.

Viareggio **[128 A2]**
Im Sommer bevölkern Tausende von Menschen das bedeutendste Seebad (58 000 Ew.) an der Versilia mit seiner Palmenallee, den Gebäuden aus dem Fin de Siècle *(Grand Caffè Margherita)*, den eleganten Boutiquen und Restaurants, z. B. *L'Oca Bianca (mittags und Di geschl., Via Coppino, 409, Tel. 05 84 38 84 77, €€€)* und *Romano (Mo, Juli/Aug. auch Di mittags geschl., Via Mazzini, 120, Tel. 058 43 13 82, €€€)*. Der *Yachthafen (www.duck.it/nautoscana)* zählt zu den beliebtesten im Mittelmeer, die Werft für Segelyachten ist die zweitgrößte der Welt, und Ende Juli wird hier die Segelregatta Viareggio–Bastia gestartet. Im Februar finden große Karnevalsumzüge *(www.viareggio.ilcarnevale.com)* statt; die Hallen mit den Karren können im Sommer besichtigt werden *(Hangar Carnevale, Viale Marco Polo)*.

Auskunft: *APT Versilia, Viareggio, Viale Carducci, 10, Tel. 05 84 96 22 33, Fax 058 44 73 36, www.versilia.turismo.toscana.it*

PISA

Karte auf Seite 75

[128 C4–5] Die Stadt (92 000 Ew.) dehnt sich zu beiden Seiten des hier schon recht breiten Flusses Arno, nur 9 km von dessen Mündung ins Meer, am Fuß der sanft ostwärts ansteigenden Pisaner Berge aus. Funde bezeugen, dass Pisa schon zu Zeiten der Ligurer (5. Jh. v. Chr.) besiedelt war. Große Macht und ungeheuren Reichtum erlangte die Stadt als Seerepublik im Mittelalter. Pisa hatte sich bereits im 9. Jh. mit seiner Flotte das Handelsmonopol im westlichen Mittelmeer bis zu den arabischen Ländern gesichert. Als 1284 die Flotte durch das rivalisierende Genua vernichtend geschlagen wurde, setzte der langsame Niedergang Pisas ein. Die beginnende Versandung des Seehafens besiegelte das Schicksal der mächtigen Republik. 1406 fiel auch Pisa an Florenz und in den Machtbereich der Medici. Von Glanz und Macht der einstigen Seerepublik und den danach unter Florentiner Herrschaft verbrachten Jahren florierenden Handels zeugen noch stattliche Paläste entlang der Promenaden beiderseits des Flusses.

Das moderne Pisa ist ein wichtiges Landwirtschaftszentrum und hat bedeutende pharmazeutische und Metall verarbeitende Betriebe. Hier wurde die weltberühmte Vespa entworfen und gebaut. Während der letzten Jahre konzentriert sich die Wirtschaft der Stadt aber immer mehr auf Handel und Tourismus.

1999 stieß man bei Grabungen hinter dem Domplatz auf ein Schiffsgerippe: Der Stadthafen der einstigen Seerepublik war gefunden. Bis zum Herbst waren 20 Schiffe der Pisaner Flotte ausgebuddelt – irgendwann zwischen dem 5. Jh. v. Chr. und dem 5. Jh. n. Chr. müssen sie versunken sein. Die Archäologen rätseln noch – nicht zuletzt darüber, wo die Funde definitiv ausgestellt werden können.

Die große Zeit der Seefahrt ist vorbei, aber heute hat die Stadt auf einem anderen Gebiet eine Vorrangstellung: Ein Drittel der Einwohner der Stadt sind Studenten. Schon im Mittelalter hatte Pisa eine bedeutende Universität. Heute sind über 30 000 Studenten an ihren elf Fakultäten eingeschrieben. Seine Sonderstellung unter den italienischen Universitäten verdankt Pisa jedoch der 1813 nach dem Pariser Vorbild eröffneten »Scuola Normale Superiore«. Die Studenten dieser Eliteuniversität mit den Bereichen Geistes- und Naturwissenschaften werden alljährlich unter Kandidaten aus ganz Italien ausgewählt.

Diese außergewöhnliche Konzentration junger Menschen fällt einem überall auf und macht Pisa zu einer besonders lebhaften Stadt mit viel studentischer Atmosphäre – allerdings nicht am Wochenende und in den Sommerferien: Alle Studentinnen und Studenten fahren dann in ihre Heimatorte, und die Stadt gehört den Reisegruppen.

Dass Sie sich in einer der bekanntesten Touristenstädte der Welt befinden, wird Ihnen auf Schritt und Tritt bewusst werden, besonders im Norden der Stadt um den Campo dei Miracoli, den »Platz der Wunder«, auf dem sich weiß leuchtend der Dom, das Baptisterium, der Camposanto und der Campanile – der berühmte Schiefe Turm – erheben. Sie sollten aber nicht nur den gelben Schildern folgen, sondern sich ruhig vom Touristenstrom entfernen und die Stadt zu Fuß erkunden – der Kern ist klein, und der Fluss macht die Orientierung leicht.

SEHENSWERTES

Außer dem Dom sind alle Sehenswürdigkeiten und Museen am 1. Jan. und 25. Dez. geschlossen.

Baptisterium

★ Das Bauwerk aus weißem Marmor mit rundem Grundriss wurde ab 1152 in Nachahmung der Grabeskirche in Jerusalem errichtet. Die Pläne stammen von Diotisalvi, ab 1278 wurde die Bauaufsicht von Nicola Pisano, später von seinem Sohn Giovanni übernommen, von dem auch die Skulpturen der kleinen gotischen Loggia stammen. Unbekannt ist der Schöpfer der eigenartigen Kuppel, in der sich außergewöhnliche akustische Effekte erreichen lassen. Die ganz besonders schöne, sechseckige Marmorkanzel von Nicola Pisano (1260) mit Szenen aus dem Leben Christi ruht auf sieben schmalen Porphyrsäulen; sie ist das hervorragendste Beispiel frühgotischer Bildhauerkunst in Italien. *Sommer tgl. 8–19.40 Uhr, Frühjahr und Herbst 9–17.40, Winter 9–16.40 Uhr*

Campanile

★ Der Schiefe Turm ist das Wahrzeichen Pisas geworden. Mit dem Bau des 55 m hohen Glockenturms wurde 1173 begonnen. Wer Baumeister war, ist ungewiss – nach neuesten Forschungen wird der Plan Gerardo di Gerardo zugeschrieben. Man musste bereits nach Fertigstellung der vierten Säulengalerie den Bau unterbrechen, weil sich der Turm auf dem sandigen Untergrund gefährlich nach Süden zu neigen begann. Erst Mitte des 14. Jhs. setzte man den Glockenstuhl auf und beendete den Bau. Elf Jahre lang arbeitete man an der Stabilisierung des Glockenturms. Immerhin konnte man die Neigung um rund 40 cm verringern. Seit Dezember 2001 ist der Turm nun wieder der Öffentlichkeit zugänglich – aber nur nach Voranmeldung. Einzelheiten waren bei Redaktionsschluss noch nicht bekannt. *Aktuelle Informationen und Anmeldung unter www.duomo.pisa.it*

Camposanto

Zum Domplatz hin wird der Friedhof durch eine schlichte Wand aus weißem Kalkstein begrenzt, über dem Haupteingang als einziger Schmuck ein Tabernakel mit Maria und Kind mit Heiligen aus der Schule Giovanni Pisanos. In den zum Innenhof offenen Säulengängen sind antike Sarkophage aufgestellt, Grabdenkmäler sind in die Wände und den Fußboden eingelassen. Der größte Schmuck des Camposanto aber waren die Fresken aus dem 14. und 15. Jh., mit denen die Wände vollständig bemalt waren. Im Juli 1944 wurde der Camposanto durch Bomben schwer beschädigt; geschmolzenes Blei vom Dach der Säulengänge zerstörte die meisten Fresken. Auch nach langjähriger Restaurierung konnten nur wenige gerettet werden; sie sind jetzt in einem separaten Teil ausgestellt, zusammen mit einer fotografischen Dokumentation der ursprünglichen Fresken und deren Zerstörung. Fragen Sie am Eingang, ob eine Besichtigung lohnend ist – zeitweise sind alle Sarkophage und die meisten Grabdenkmäler zwecks Restaurierung abgenommen. *Sommer tgl. 8 bis 19.40 Uhr, Frühjahr und Herbst 9 bis 17.40, Winter 9–16.40 Uhr*

Dom

★ Das größte Bauwerk Pisaner Romanik. Er wurde nach entscheidenden Seesiegen unter den Baumeistern Buscheto und Rainaldo 1063 begonnen und 1118 der Mutter Gottes geweiht. Die Fassade der Kirche in Form eines lateinischen Kreuzes aus Streifen dunklen und hellen Marmors ist in vier Galerien aufgeteilt, deren 54 Marmorsäulen ihr ein leichtes, geradezu orientalisches Aussehen verleihen. Den Giebel krönt eine Marienstatue mit Kind

Baptisterium, Dom und (schiefer) Campanile: Campo dei Miracoli in Pisa

von Nicola Pisano. Von besonderem kunstgeschichtlichem Interesse ist die bronzene Porta San Ranieri, ein Werk Bonanno Pisanos (Ende des 12. Jhs.). Diese Tür an der Rückseite des rechten Querschiffs – sie führt zum Grab des Stadtheiligen San Ranieri im rechten inneren Querschiff – ist die einzige Tür, die bei einem verheerenden Brand 1595 nicht zerstört wurde. Die Bronzeportale der Hauptfassade stammen aus der Schule Giambolognas (16. Jh.). Das fünfschiffige romanische Kircheninnere wird beherrscht von der Kolossalfigur des Christus von Cimabue. Die achteckige Kanzel mit den Marmorreliefs von Giovanni Pisano gilt als das Meisterwerk gotischer Bildhauerkunst in Italien. Die Bronzelampe im Hauptschiff soll Pisas bekanntesten Sohn, Galileo Galilei, durch ihre Schwingungen zur Entdeckung der Pendelgesetze veranlasst haben. *Mo–Sa 10–19.40, So 13–19.40 Uhr, im Winter Mo–Sa 10–12.45, So 15 bis 16.45 Uhr*

Murales

Eine Riesenwand mit den typischen, bunten Mauerzeichnungen – von Keith Haring selbst bemalt. *Piazza Vittorio Emanuele*

Orto Botanico

Im 1543 angelegten Botanischen Garten, dem ältesten der Welt, kann man sich bei einem Spaziergang durch die artenreiche Vegetation wunderbar erholen. *Mo–Fr 8–17.30 (Okt.–März bis 17) Uhr, Sa 8–13 Uhr, Via Luca Ghini, 5*

Palazzo della Sapienza

Der Bau aus dem Jahr 1472, fertig gestellt 1543 nach Plänen Brunelleschis, ist Sitz der größten Universität Pisas. Entstanden als »studium generale« zu Beginn des 14. Jhs. und später gefördert durch die Medici, ist sie noch heute eine der bekanntesten Universitäten der Welt mit elf Fakultäten und über 30 000 Studenten, die das Leben der Stadt prägen. Die alte *Aula Magna* (mit Porträts Pisaner Lehrmeister) und der *Innenhof* mit seinen *Loggien* können besichtigt werden (beim Pförtner anfragen). *Via XXIV Maggio*

Piazza dei Cavalieri

Die Stelle des einstigen Forum Romanum wurde Mitte des 16. Jhs. von Giorgio Vasari umgestaltet. Die Platzmitte beherrscht der *Palazzo dei Cavalieri* mit seiner schönen Graffitimalerei. Er beherbergt heute die Eliteuniversität *Scuola Normale Superiore.* Rechts die Kirche Santo Stefano, die Hauptkirche des gleichnamigen Ordens. Auf der linken Seite der Piazza der aus zwei verbundenen Geschlechtertürmen geschaffene *Palazzo dell'Orologio,* der einst das Hospital der Ritter von Santo Stefano beherbergte.

Ponte di Mezzo

Die älteste Brücke über den Arno. Heute werden hier im Sommer der *Gioco del Ponte* und die *Regata di San Ranieri* ausgetragen. Am Südufer liegt die *Piazza XX Settembre* mit dem 1369 erbauten *Palazzo Gambacorti* (heute Rathaus) und den 1603–1605 als Markthalle für den Seiden- und Wollhandel erbauten *Logge dei Banchi.*

Santa Maria della Spina

Ein gotisches Kleinod am südlichen Arnoufer. Der Betsaal wurde 1872 bei der Begradigung des Arno zer-

Direkt über dem Ufer des Arno erhebt sich Santa Maria della Spina

legt und auf dem erhöhten Ufer wieder aufgebaut. Der Legende nach wird in einem Schrein des Innenraums ein Dorn aus der Krone Christi aufbewahrt. *Lungarno Gambacorti*

San Nicola

Besonders sehenswert ist der leicht geneigte, an der Basis achteckige, dann 16-eckige und von einer Loggia umlaufene Glockenturm; er wird Nicola Pisano zugeschrieben und als ein Meisterwerk mittelalterlicher Baukunst betrachtet. Man kann auf der spiralförmigen, zur Mitte hin offenen Treppe den Glockenturm besteigen – auch ein schiefer Turm. Im Innern unter anderem ein Holzkreuz und eine Marienstatue mit Kind aus Holz von Giovanni bzw. Nino Pisano. *Via Santa Maria*

San Paolo a Ripa d'Arno

Die Fassade besticht, sie scheint die Domfassade en miniature zu sein. Man begann im Jahr 805 mit dem Bau der dreischiffigen Basilika im romanisch-toskanischen Stil. Hinter der Kirche lohnt ein Besuch des kleinen, achteckigen Bethauses Sant'Agata (12. Jh.). *Piazza San Paolo a Ripa d'Arno*

MUSEEN

Arsenali Medicei

Bis auf weiteres wird hier ausgestellt, was aus den Bootsrümpfen der 1999 gefundenen römischen Handelsschiffe ans Licht kam. Die Schiffe sind in San Rossore aufgedockt und können nicht besichtigt werden (Auskunft: *Tel. 050 91 04 71, www.navipisa.it*). *Sommer Di–Fr 10–13 und 14–19, Sa/So 11–13 und 14–21 Uhr, Winter Di–So 10–13 und 14–18 Uhr, Lungarno Simonelli*

Museo Nazionale di San Matteo

Der Hof des ehemaligen Klosters aus dem 13. Jh., in dem das Museum untergebracht ist, wird an drei Seiten von Arkadengängen umgeben. In den Innenräumen sind über 500 Werke aus dem 13. und 14. Jh. zu sehen. Besonders reich ist die Kollektion von Tafelbildern, Holzstatuen und antiken Keramiken. *Di bis Sa 9–19, So 9–14 Uhr, 1. Jan., 1. Mai, 15. Aug. und 25. Dez. geschl., Lungarno Mediceo*

Museo dell'Opera del Duomo
Der Domschatz und die Skulpturen, die für Dom und Baptisterium von Nicola und Giovanni Pisano geschaffen wurden, und alle den Dombezirk betreffenden Funde und Dokumente werden hier ausgestellt. *Sommer tgl. 8–19.20 Uhr, Frühjahr und Herbst 9–17.20 Uhr, Winter 9–16.20 Uhr, Piazza Arcivescovado*

Museo delle Sinopie
An der Südseite des Domplatzes liegt ein langes Backsteingebäude, das zum Ospedale Santa Chiara (1257) gehört. Hier befinden sich die Entwürfe für die Fresken im Camposanto. Sie wurden während

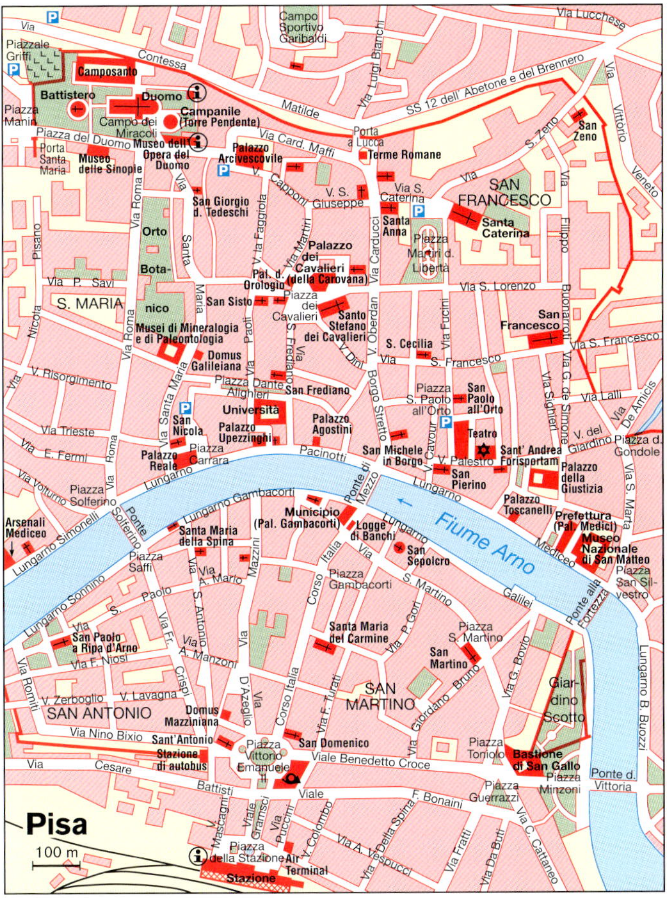

der Restaurierung abgetragen. Besucher haben so die Möglichkeit, eine der größten Sammlungen mittelalterlicher Zeichnungen zu bewundern. *Sommer tgl. 8–19.40 Uhr, Frühjahr und Herbst 9–17.40, Winter 9–16.40 Uhr, Piazza del Duomo*

ESSEN & TRINKEN

Antica Trattoria da Bruno
Gute lokale Küche, im Sommer auch im Freien. *Mo abends und Di geschl., Via Bianchi, 12, Tel. 050 56 08 18, €€*

Banco della Berlina
Ein Lokal für Nachtschwärmer: Es öffnet zwar erst abends, aber dann bis weit nach Mitternacht. *Mi geschl., Piazza dei Facchini, 13, Tel. 05 02 84 61, €*

Osteria dei Cavalieri
Sympathisches, immer gut besuchtes Lokal mit bester lokaler Küche. Preiswerter Mittagstisch. *Sa mittags und So geschl., Via San Frediano, 16, Tel. 050 58 08 58, €–€€*

Al Ristoro dei Vecchi Macelli
Eines der besten Lokale Pisas, im Sommer Klimaanlage und einige Plätze im Freien. *So mittags und Mi geschl., Via Volturno, 49, Tel. 05 02 04 24, €€–€€€*

Turrido
Mittags und abends Holzofenpizza. *So geschl., Piazza San Frediano, 12, Tel. 050 58 06 00, €*

EINKAUFEN

An jedem zweiten Wochenende im Monat findet in den Straßen um die *Piazza XX Settembre* am südlichen Ende des Ponte di Mezzo ein *Antiquitätenmarkt* statt. Unter den Bogengängen des Borgo Stretto liegen die elegantesten Geschäfte. Hier residieren auch zwei der besten Konditoreien der Stadt, die *Pasticceria Bagnani* und die *Pasticceria Salza,* in denen man die für Pisa typischen Backwaren und Süßigkeiten kaufen und unter den Arkaden Cappuccino trinken kann.

ÜBERNACHTEN

Amalfitana
Kleines, ruhiges Hotel mit freundlichem Service wenige Schritte vom Domplatz. *21 Zi., Via Roma, 44, Tel. 05 02 90 00, Fax 05 02 52 18, €–€€*

Jolly Hotel Cavalieri
Firstclasshotel, nicht gerade ruhig, aber verkehrsgünstig gegenüber dem Bahnhof und Airterminal gelegen. *100 Zi., Piazza della Stazione, 2, Tel. 05 04 32 90, Fax 050 50 22 42, pisa@jollyhotels.it, €€€*

Ostello della Gioventù Residence Madonna dell'Acqua
Der moderne Komplex mit Jugendherberge, Studenten- und Wohnheim liegt 1 km vom Zentrum (Bus). *Via Pietrasantina, 15, Tel./Fax 050 89 06 22, €*

Hotel Royal Victoria
Alte Pracht am Arnoufer mit 48 schönen, großen Zimmern. *Lungarno Pacinotti, 12, Tel. 050 94 01 11, Fax 050 94 01 80, €€*

AM ABEND

Im Sommer trifft man sich abends auf dem Domplatz *(Piazza dei Miracoli)* und in den umliegenden

Grünanlagen. Beliebte Treffpunkte sind auch *Harvard's Bar (Sa geschl., Via Santa Maria, 95)* und *La Tazza d'Oro (So geschl., Piazza Clari, 2)*.

AUSKUNFT

Via Carlo Cammeo, 2, 56126 Pisa, Tel. 050 56 04 64, Fax 050 92 97 64, www.pisa.turismo.toscana.it. Zwei weitere Infoschalter befinden sich am Bahnhof und am Flughafen.

ZIELE IN DER UMGEBUNG

Calci **[129 D–E 4–5]**
12 km östlich, an den Hängen der Pisaner Berge, liegt bei Calci das Mitte des 14. Jhs. gegründete Kartäuserkloster *Certosa di Pisa.* Im 17./18. Jh. aufwändig restauriert, bildet es heute das großartigste Barockensemble auf toskanischem Gebiet. Kirche, Klosterhöfe und der großfürstliche Gästetrakt sowie die schöne Gartenanlage können besichtigt werden *(Di–Sa 8.30–18.30 Uhr, So 8.30–12.30 Uhr, 1. Jan., 1. Mai und 25. Dez. geschl.).* In einem Flügel des Klosters ist das *Museo di Storia Naturale e del Territorio (Di–Sa 9–18, So 10–19 Uhr)* eingerichtet. Das Naturkundemuseum umfasst u. a. eine reiche, von Ferdinand I. de'Medici angelegte Kollektion; die Skelettsammlung ist weltberühmt.

Insider Tipp

In Calci selbst steht die Taufkirche *Pieve San Giovanni Evangelista e Sant'Ermolao Martire.* Der gedrungene Glockenturm und die mit schwarzweißem Marmor inkrustierte Fassade wurden zwar nicht fertig gestellt, sie geben aber auch so Zeugnis von der Bedeutung dieser Dorfkirche (11. Jh.). Wichtigstes Kunstwerk ist das aus einem einzigen Marmorblock gehauene Taufbecken, dessen Reliefs die Taufe Christi darstellen (12. Jh.).

Parco Regionale di Migliarino, San Rossore e Massaciuccoli **[128 B2–5]**
23 000 ha Sumpfland mit Pinien- und Eichenwäldern wurden 1979 zum Nationalpark erklärt. Der große Park mit seinen herrlichen Alleen und dem großen, artenreichen Wildbestand kann jedes Wochenende von 8.30 Uhr bis Sonnenuntergang besucht werden. Organisierte Führungen zu Fuß, mit Fahrrädern, auf Pferden und in Kutschen finden Di und Do nachmittags nach Voranmeldung sowie Sa und So um 10 Uhr und nachmittags für Gruppen statt *(Auskunft Tel./Fax 050 53 01 01, Fax 050 53 36 50, Eingang Viale delle Cascine/Via Aurelia).* Am Westufer des *Lago di Massaciuccoli* liegt die Villa, in der Giacomo Puccini begraben ist.

Insider Tipp

San Piero a Grado **[128 B5]**
Wo sich heute die kleine, wunderschöne romanische *Basilica San Piero a Grado (Mo–Sa 9–12 und 15–19 Uhr, So 7.30–13 und 15–19 Uhr)* erhebt, lag einst der Hafen von Pisa. Außergewöhnlich gut erhaltene Fresken des 13./14. Jhs. stellen die Petrus-Legende dar.

Tirrenia **[128 B6]**
Breiter Sandstrand, lebhaftes Badeleben und zwei Golfplätze. Ganzjährig geöffnet ist das *Grand Hotel Golf* mit schönem Park, einem Tennisplatz, Sauna und Schwimmbad *(77 Zi., Tel. 050 95 70 18, Fax 05 03 21 11, www.grandhotelgolf.it, €€€)*, aber es gibt auch mehrere preiswerte Häuser.

Provinzen mit Geschichte

Berge und weite Ebenen prägen die Landschaft um Lucca und Pistoia

Der Norden umfasst das Gebiet von Florenz, das untere Arnotal und die Provinzen Prato, Pistoia und Lucca sowie Teile der Provinz Massa-Carrara.

LUCCA

[129 D–E2] ★ Eine der bedeutendsten historischen Städte der Toskana erhebt sich am Unterlauf des Serchio in einem einstigen Sumpfgebiet, von dem die Apuanischen Alpen nordwärts ansteigen. Die Stadt (85 000 Ew.) wird von einer mächtigen, 4,2 km langen Mauer aus Ziegelsteinen umschlossen; 12 m hoch und an der Basis ebenso breit, wird sie an den strategisch wichtigen Stellen zudem von elf (einst zwölf) Bastionen verstärkt. Heute geht man auf dem baumbestandenen Wall spazieren, bis 1847 aber, als die Stadt dem Herzogtum Toskana beitrat, sicherte diese 1544 bis 1645 entstandene Festungsmauer Lucca seine weitgehende Unabhängigkeit – und bewahrte die Stadt mehrmals vor Schäden durch Überschwemmungen des Serchio.

Der markante Campanile des Doms wurde zum Wahrzeichen von Pistoia

Luccas Stadtmauer ist heute eine baumbestandene Flaniermeile

Wie fast alle Städte in der Toskana wurde auch Lucca schon in vorrömischer Zeit gegründet. Besondere Bedeutung hatte die Stadt im Mittelalter als Station an der Via Francigena, der großen Frankenstraße, die Rom mit dem Norden Europas verband. Lucca wurde bereits 1369 freie Stadtrepublik, und es blieb die einzige Stadt der Toskana, die nie in den Machtbereich der Medici gelangte. Anfang des 19. Jhs. ergoss sich für kurze Zeit französisches Flair über die Stadt, als Napoleon Lucca zum Fürstentum erhob; der architektonische Einfluss der französischen Periode ist besonders um die Piazza del Giglio sichtbar.

Seit dem frühen Mittelalter gründet sich der Reichtum Luccas auf die Herstellung und den Handel

Valdinievole

Zwischen Lucca und Pistoia liegt die »Schweiz der Toskana«

Die »Schweiz der Toskana« nennt man die sattgrüne, wasserreiche Valdinievole (»Tal der Wolken«) zwischen Lucca und Pistoia mit ihren mittelalterlichen Dörfern und ausgedehnten Blumenfeldern. Im rührigen Pescia, Heimat des größten italienischen Blumenmarkts, feilschen Händler tagtäglich um Tausende Nelken, Gladiolen und Lilien. Und in einer der einst zahlreichen Papierfabriken des Ortes werden täglich Milliarden produziert: Hier rollt das Papier für asiatische und lateinamerikanische Banknoten vom Band.

mit kostbaren Stoffen, wenn auch der Handel mit den Agrarprodukten des fruchtbaren Umlandes heute eine Vorrangstellung einnimmt. Das Umfeld der Stadt ist zersiedelt, die herrlichen Villen stehen oft geradezu hilflos in dieser Umgebung, aber dafür ist die verkehrsberuhigte Innenstadt reich an historischen Bauten und angenehm zum Schauen, Einkaufen und Bummeln.

SEHENSWERTES

Dom San Martino

Vom 6. bis zum 13. Jh. wurde an ihm gebaut, im 14., 15. und zuletzt im 19. Jh. wurde er restauriert – am leichten Stilgemisch des Äußeren erkennbar. In ihrem Inneren birgt die dreischiffige Basilika einige ganz außergewöhnliche Kunstschätze. Das »Volto Santo«, das Geheiligte Antlitz, ein Kruzifix mit der bärtigen Christusfigur aus dem fast schwarzen Holz einer Libanonzeder, soll von dem hl. Nikodemus geschnitzt und 782 nach Lucca gebracht worden sein. Alljährlich am 13. September wird die geschmückte Reliquie in einer Prozession durch die kerzenerleuchtete Stadt getragen. Den Rest des Jahres ruht sie in einem kleinen Tempel, links, im vierten Joch des Langhauses. Den Altar von Giambologna schmückt ein Relief der Stadt Lucca im 16. Jh. In der Sakristei ist ein bezauberndes Grabmal der Renaissance zu besichtigen: der Marmorsarkophag, den Jacopo della Quercia 1408 für Ilaria di Carretto schuf, die im Kindbett verstorbene Frau des damaligen Herrschers von Lucca, Paolo Guinigi.

Piazza del Mercato

Das Oval des römischen Amphitheaters wird vollständig umschlossen von drei- bis fünfstöckigen Häusern, die in den 56 Rundbögen der Erdgeschosse teils sehr elegante Geschäfte beherbergen – mit einem Eingang von der Piazza und einem von der rückwärtigen Straße.

Piazza Napoleone

Französisches Flair umgibt die platanenbestandene Piazza, die Napoleons Schwester 1799 von einem französischen Gartenarchitekten anlegen ließ; sie geht in die *Piazza del Giglio* mit dem gleichnamigen schönen *Theater* aus dem 18. Jh. über.

Piazza San Michele
Prunkstück dieses mittelalterlichen Platzes, an dem in römischer Zeit das Forum lag, ist die Kirche San Michele in Foro (12. Jh.). Jede der Säulen der in fünf Reihen gegliederten Fassade ist verschieden ausgearbeitet; der First wird gekrönt von einer Statue des Erzengels Michael, flankiert von zwei Drachen. Die Madonna im Strahlenkranz an der linken Seite der Fassade wurde nach dem Abklingen der Pest 1480 angebracht.

San Frediano
Die Basilika stammt aus dem 6. Jh. In einem Schrein wird die hl. Zita, die Schutzheilige Luccas, aufbewahrt. Ein berühmtes Mosaik von Christi Himmelfahrt (1. Hälfte 13. Jh.) ziert die schmale Fassade.

Via Fillungo
Das gut erhaltene Beispiel einer mittelalterlichen, von Türmen und Palästen gesäumten Straße zieht sich von der Kirche San Cristoforo an der Piazza del Mercato vorbei zur Piazza Santa Maria: die stets belebte Haupteinkaufs- und -flanierstraße von Lucca.

MUSEEN

Casa Natale di Giacomo Puccini
Hierhin wird es vor allem die Musikliebhaber aus aller Welt ziehen. Im Geburtshaus des Komponisten Giacomo Puccini sind Erinnerungsstücke an den großen Meister der italienischen Oper ausgestellt. *15. März–Mai und Okt.–Dez. Di–So 10–13 und 15–18, Juni–Sept. Di bis So 10–18 Uhr, Via di Poggio, Corte San Lorenzo, 9*

Museo della Cattedrale
In einer eindrucksvollen romanischen Basilika und im Baptisterium

MARCO POLO Highlights »Der Norden«

★ **Uffizien in Florenz**
Die Galerie der Uffizien ist ein Muss (Seite 28)

★ **Montecatini Terme**
Elegantes Kurleben im nostalgischen Rahmen der Belle Époque (Seite 88)

★ **Vinci**
Geburtshaus und Museum mit Entwürfen und Geräten des großen Leonardo (Seite 89)

★ **Lucca**
Eine wunderschöne mittelalterliche Stadt (Seite 79)

★ **Grotta del Vento**
Bei Fornovolasco liegt die mit 3500 m längste Tropfsteinhöhle Europas (Seite 85)

★ **Prato**
Das Centro per l'Arte Contemporanea Luigi Pecci darf kein Liebhaber moderner Kunst versäumen (Seite 88)

Statuengeschmückt präsentiert sich der Garten des Palazzo Controni Pfanner

wurden Reste eines Domus (1. Jh. v. Chr.) und einer frühchristlichen Kirche freigelegt. *April–Okt. tgl. 10 bis 18, Nov.–März Mo–Fr 10–14, Sa/So 10–17 Uhr, Piazza del Duomo*

Museo Palazzo Controni Pfanner
Im Piano Nobile dieses Palastes aus dem 17. Jh. wurde 1980 ein interessantes Museum mit Geweben und Kostümen aus dem 18. bis 20. Jh. eingerichtet. Vorläufig kann jedoch leider nur der wunderschöne Garten besichtigt werden. *März bis 15. Nov. tgl. 10–18 Uhr, Via degli Asili, 33*

Museo Nazionale di Palazzo Mansi
Auch hier kann man – neben bedeutenden Gemälden und Kunstwerken des 16. bis 19. Jhs. – den Palast selbst mit seiner ursprünglichen Einrichtung (18. Jh.) bewundern. In einer eigenen Sektion wird zudem die in Lucca heimische Seidenweberei dokumentiert. *Di–Sa 9–19, So 9–14 Uhr, 1. Jan., 1. Mai und 25. Dez. geschl., Via Galli Tassi, 43*

Museo Nazionale di Villa Guinigi
Der Grundstock dieses Museums im restaurierten Palast der Familie Guinigi (15. Jh.) wurde im 18. Jh. mit den Schätzen aufgelöster Kirchen und Klöster gelegt; zu sehen sind vor allem Skulpturen vom 8. bis 16. Jh., Tafelbilder und Gemälde. *Di–Sa 9–19, So 9–14 Uhr, 1. Jan., 1. Mai und 25. Dez. geschl., Via della Quarquonia*

ESSEN & TRINKEN

Antica Locanda dell'Angelo
Nahe der Piazza Napoleone gelegenes, angenehmes, elegantes Restaurant. *So abends und Mo geschl., Via Pescheria, 21, Tel. 05 83 46 77 11,* €€–€€€

Buca di Sant'Antonio
Eine ehemalige Postkutschenstation mit feiner Luccheser Küche. *So abends und Mo geschl., Via della Cervia, 3, Tel. 058 35 58 81,* €€–€€€

Da Giulio in Pelleria
Im einstigen Gerberviertel nahe der Porta San Tommaso gelegene Trattoria mit guter toskanischer Hausmannskost. *So/Mo geschl., Via delle Conce, 45, Tel. 058 35 59 48,* €–€€

Insider Tipp **Da Leo**
Immer voll besetzte Tische und alle Spezialitäten Luccas finden Sie in dieser typischen Trattoria. *So geschl., Via Tegrimi, 1, Tel. 05 83 49 22 36,* €

Ristorante La Mora
Traditionsreiches Gasthaus mit schöner Veranda und herrlichem Blick. Die Küche gehört zu den besten der Toskana. *Mi geschl., Ortsteil Ponte a Moriano, Tel. 05 83 40 64 02,* €€–€€€

EINKAUFEN

Sie sollten Lucca nicht verlassen, ohne einen Besuch im traditionsreichen *Caffè Di Simo* mit seinen berühmten Likören gemacht zu haben *(Via Fillungo, 58)*. Schöne Keramik findet man in der *Bottega di Mamma Rò* an der *Piazza Anfiteatro*, Seidengobelins in unzähligen Farbkombinationen bei *Tessiture Artistiche Lucchesi* im Vorort *Santissima Annunziata (Via dei Gianni, 302)*. An jedem dritten Wochenende im Monat findet auf der *Piazza San Martino* ein *Antiquitätenmarkt* statt.

ÜBERNACHTEN

Da Elisa alle Sette Arti
Hier schlafen Sie sehr preiswert unter Fresken in luftigen Räumen. *6 Zi., Via Elisa, 25, Tel. 05 83 49 45 39, Fax 05 83 47 16 09, www.daelisa.com,* €

Jugendherberge Ostello San Frediano
147 Betten, Via della Cavallerizza, 12, Tel. 05 83 46 99 57, Fax 05 83 46 10 07, €

Fattoria Mansi Bernardini
Ländlich-erlesen mit Pool, Tennis und Produkten vom Gut im Villenvorort Segromigno Monte. *Tel. 05 83 92 17 21, Fax 05 83 92 97 01, fmbsas@tin.it,* €€

Piccolo Puccini
Klein und gemütlich – der Fassade von San Michele gegenüber. *14 Zi., Via Poggio, 9, Tel. 058 35 54 21, Fax 058 35 34 87,* €€

San Marco
Hochmoderne Bequemlichkeit mit Klimaanlage, Garten, Tiefgarage und herrlichem Frühstück. *42 Zi., Via San Marco, 368, Tel. 05 83 49 50 10, Fax 05 83 49 05 13,* €€

Villa La Principessa
Der einstige Landsitz der Bourbon-Parma aus dem 18. Jh. liegt in einem herrlichen Park. Restaurant *(Di geschl.). 41 Zi., Massa Pisana (6 km Richtung Pisa), Tel. 05 83 37 00 37, Fax 05 83 37 91 36, www.hotelprincipessa.com,* €€€

Villa Romantica
In der Villa Romantica hat man die Annehmlichkeit eines kleinen

Pools unter schattigen Bäumen, dazu Parkplatz und Fahrräder. *6 Zi., Via Barbantini, 246, Tel. 05 83 49 68 72 Fax 05 83 95 76 00, www.villaromantica, €€*

AM ABEND

Abends besucht man im Winterhalbjahr die Vorstellungen im *Teatro del Giglio (Tel. 05 83 46 75 21)*. In ist *Mirò* mit großem Cocktailangebot und guter Musik *(Mo geschl., Via de' Fossi, 215, €€)*.

AUSKUNFT

Piazza Santa Maria, 35, 55100 Lucca, Tel. 05 83 91 99 31, Fax 05 83 46 99 64, www.lucca.turismo.toscana.it

ZIELE IN DER UMGEBUNG

Barga **[119 D3]**
Das Städtchen (10 000 Ew.) liegt auf einer Bergkuppe (weite Aussicht) mit einem schönen romanischen *Dom* und mittelalterlichen Gassen und Gebäuden. Im Juli findet ein *Opernfestival (Tel./Fax 05 83 72 32 50)* statt.

Coreglia Antelminelli **[119 D3]**
Einen Abstecher lohnt der nahe bei Barga gelegene Ort mit seinen mittelalterlichen Bauten und dem *Museo della Figurina di Gesso e dell'Emigrazione* – einer einmaligen Sammlung von Gipsabgüssen und Krippenfiguren *(Mo–Sa 9–13 Uhr, im Sommer auch So 10–13 und 15.30–18.30 Uhr, Palazzo Vanni)*.

Garfagnana **[118–119 C–D 3–4]**
Ein für die meisten unerwarteter und unbekannter Teil der Toskana erschließt sich, wenn man das Tal des Flusses Serchio aufwärts fährt. Zur Linken fällt die schroffe Rückseite der Apuanischen Alpen steil ab, rechts dehnen sich die kastanienbewachsenen Höhen der Garfagnana, des westlichen Apenninausläufers. Die Garfagnana ist zu jeder Jahreszeit ein herrliches Wandergebiet, und der italienische Alpenverein CAI hat die Region mit besonders gut gekennzeichneten Wanderwegen erschlossen. Am Beginn des Tals liegen auf der Ostseite die berühmten Luccheser Villen, die *Villa Reale* in *Marlia*, einst Landsitz von Napoleons Schwester Elisa Baciocchi *(nur Parkführungen)*, bei *Segromigno* die *Villa Mansi (Villa und Park zugänglich)* und die *Villa Torrigiani* in *Camigliano (März–Nov. Mi–Mo 10 bis 12.30 und 15–18.30 Uhr)*. Vorbei an *Borgo a Mozzano* mit der *Teufelsbrücke* aus dem 12. Jh., die hier den Serchio elegant überspannt, führt eine Straße rechts nach *Bagni di Lucca*. In diesem von dichten Kastanienwäldern umgebenen Kurbad entspringen 19 Quellen, deren 38 bis 54 Grad warmes, radioaktives Schwefelwasser zu Bade- und Heilzwecken verwendet wird. Im Sommer lockt ein warmes Freibad. Angenehm verblasstes Finde-Siècle-Ambiente im *Hotel Roma (13 Zi., Tel./Fax 058 38 72 78, €)*, gute Küche im *Ristorante del Sonno, Tel. 05 83 80 50 80, €)*.

Auf dem Weg nach Gallicano führt eine kleine Bergstraße zu den Dörfern Vagli di Sopra und Vagli di Sotto. Sie liegen am Stau- und Badesee *Lago di Vagli*, aus dem verloren eine Kirchturmspitze ragt.

Von Gallicano in der Talsohle führt eine schmale Straße westlich

Insider Tipp

bergauf durch ein Wildwassertal nach Fornovolasco und zum Eingang der beeindruckenden ★ *Grotta del Vento,* der mit 3500 m längsten Tropfsteinhöhle Europas *(tgl. 10–18 Uhr 1- bis 3-stündige Führungen, Nov.–März Mo–Sa nur 1-stündig, Tel. 05 83 72 20 24, www.grottadelvento.com, warme Kleidung nicht vergessen!).* Von Castelnuovo di Garfagnana führt eine Straße über Corfino in den *Naturpark Orechiella* in 1200 m Höhe; eine landschaftlich besonders schöne (kurvenreiche!) Strecke (SS 324) umrundet die Garfagnana und kehrt auf der SS 12 über Abetone und San Marcello Pistoiese wieder nach Lucca zurück – ein herrlicher Tagesausflug durch eine faszinierende Gegend.

PISTOIA

[130–131 C–D1] Die geografisch und strategisch günstige Lage an der Via Cassia förderte seit den Zeiten der Römer die Entwicklung der Stadt, die um 200 v. Chr. entstanden ist. Die größten Baumschulen Europas breiten sich in der Ebene aus, bedeutende Metall verarbeitende Betriebe und mechanische Werkstätten machen die Provinz zu einer der reichsten der Toskana. Pistoia (86 000 Ew.) ist ein günstiger Ausgangsort für Fahrten und Wanderungen in die nördlich gelegenen Pistoieser Berge.

SEHENSWERTES

Giardino Zoologico

Am Westrand der Stadt liegt der gepflegte, artenreiche Zoo in schöner Landschaft. *April–Sept. tgl. 9 bis 19, Okt.–März 9–17 Uhr, Via di Pieve a Celle, 160*

Ospedale del Ceppo mit Museo dei Ferri Chirurgici

Ein farbenfroher Terrakottafries der Brüder Della Robbia ziert die Fassade des alten Pesthospitals (13. Jh.); in den Innenräumen ist heute ein ungewöhnliches Museum untergebracht, das chirurgische Instrumente von der Antike bis zur Gegenwart ausstellt. *Besichtigung nur nach vorheriger Anfrage, Tel. 05 73 35 22 20, Fax 05 73 35 24 12, Piazza Giovanni XXIII, 19*

Piazza del Duomo

Der Mittelpunkt des ringförmig angelegten historischen Stadtkerns mit dem *Dom San Zeno* aus dem 12. Jh., der einen Silberaltar birgt, an dem Goldschmiede von 1287 bis 1456 arbeiteten, seinem säulengeschmückten *Campanile* und dem achteckigen *Baptisterium* im pisanisch-gotischen Stil mit weiß-grüner Marmorverkleidung. Mi und Sa vormittags findet auf dem Platz ein lebendiger *Wochenmarkt* statt.

MUSEEN

Centro di Documentazione e Fondazione Marino Marini

Dokumentationszentrum mit Zeichnungen, Skulpturen und Lithografien des in Pistoia geborenen Künstlers (1901–1980). *Di–Sa 9 bis 13 und 15–19 Uhr, So 9–12.30 Uhr, Palazzo del Tau, Corso San Fedi*

Museo Civico und Centro di Documentazione Giovanni Michelucci

Tafelgemälde und Skulpturen bedeutender Meister der Pistoieser und Florentiner Schule des 13. bis 18. Jhs., Möbel und Kleinkunst. Im zweiten Stock eine Dauerausstellung moderner Kunst von 1930 bis 1980, außerdem das Dokumentationszentrum für den Bahnbrecher moderner italienischer Architektur, Giovanni Michelucci (1891 bis 1990). *Di–Sa 10–19 Uhr, So 9 bis 12.30 Uhr, Palazzo Comunale, Piazza del Duomo*

Museo di San Zeno und Percorso Archeologico Attrezzato
Im alten Bischofspalast aus dem 12. Jh. ist der prächtige Domschatz ausgestellt. Von besonderem Interesse ist der Unterbau des Palastes, der auf römischen und vorrömischen Gebäuden errichtet wurde. Auf einem »archäologischen Weg« werden die verschiedenen Bauperioden anhand von Funden auf informativen Schautafeln erläutert. *Besichtigung nur im Rahmen von Führungen Di, Do und Fr 10–13 und 15 bis 17 Uhr, im Winter außerdem am 1. und 4. So des Monats gegen 16 Uhr, Voranmeldung erwünscht, Tel. 05 73 36 92 72, Piazza Duomo*

ESSEN & TRINKEN

Il Castagno
Feinschmeckerrestaurant in herrlicher Umgebung. *Di–Sa mittags und Mo geschl., Ortsteil Castagno di Piteccio, Tel. 057 34 22 14, €€€*

Osteria del Contadino
Im Dörfchen Agliana, zwischen Pistoia und Prato, liegt die »Osteria des Bauern«, die in Wirklichkeit jedoch ein elegantes Restaurant ist. *Mo sowie Di, Mi und So abends geschl., Via Provinciale Pratese, Tel. 05 74 71 84 50, €€*

La Cugna
9 km auf der SS 64 Richtung Bologna. Hier halten auch die Lastwagenfahrer – ein Zeichen für gute, bodenständige Küche! Im Sommer im Freien. *Mi geschl., Via Bolognese, 236, Ortsteil Corbezzi, Tel. 05 73 47 50 00, €–€€*

Klappe!

Die Toskana – suggestive Filmkulisse

Die bäuerliche, vom Oliven- und Weinanbau geprägte Landschaft und intakte mittelalterliche Dörfer, zypressenbestandene Hügel und von Kunst überbordende Städte boten immer wieder die ideale Kulisse für zahlreiche Filme. Von den dramatischen Ereignissen während des Zweiten Weltkrieges erzählt *La Notte di San Lorenzo* (1982) der Brüder Taviani. Im Film von James Ivory *Zimmer mit Aussicht* (1985) spiegelt sich das sehnsuchtsbeladene Italienbild vieler Grand-Tour-Reisenden, meisterlich inszeniert auch in dem Film *Nostalghia* (1983) des Russen Andrej Tarkowskij in dem von Dunstwolken verklärten Bagno Vignoni. Der oscargekrönte Film des genialen toskanischen Komikers Roberto Benigni *La vita è bella* (1999) bediente sich der Kulisse von Arezzo.

Pasticceria la Sala
Snacks und Süßes in nostalgischem Café, Mo–Sa am Vormittag mit Blick auf den Markt. *Mi geschl., Piazza della Sala, 14–15*

Lo Storno
Beliebter Treff mit typischer Küche in Domnähe. *Mo–Mi abends und So geschl., Via del Lastrone, 8, Tel. 057 32 61 93, €*

EINKAUFEN

Im Zentrum elegante Mode- und Antiquitätengeschäfte. Am zweiten Sonntag jeden Monats sowie am vorangehenden Samstag (außer im Juli und August) in den *Breda-Hallen (Viale Pacinotti)* ein *Antiquitätenmarkt.*

ÜBERNACHTEN

Il Convento
Ein ehemaliges Kloster am Hang mit herrlicher Aussicht; Pool, Restaurant. *23 Zi., Via San Quirico, 33, Pontenuovo, Tel. 05 73 45 26 51, Fax 05 73 45 35 78, €€*

Patria
An der Stadtmauer, kein Restaurant. *28 Zi., Via Crispi, 8, Tel. 057 32 51 87, Fax 05 73 36 81 68, www.patriahotel.it, €€*

Piccolo Ritz
Italienische Topdesigner haben hier an der Gestaltung mitgewirkt. *21 Zi., Via A. Vannucci, 67, Tel. 057 32 67 75, Fax 057 32 77 98, €€*

AUSKUNFT

Palazzo dei Vescovi, Via Roma, 1, 51100 Pistoia, Tel. 057 32 16 22, Fax 057 33 43 27, www.provincia.pistoia.it

ZIELE IN DER UMGEBUNG

Abetone **[119 E3]**
Luftkur- und Wintersportort auf einem 1388 m hohen Bergrücken, mit Wäldern, Wanderwegen und Skipisten. Hotels aller Kategorien und *Jugendherberge Ostello della Gioventù (20. Dez.–31. März und 15. Juni–30. Sept., Via Brennero, 157, Tel. 057 36 01 17, €).* Auskunft: *Piazzale delle Piramidi, 51021 Abetone, Tel. 057 36 02 31, Fax 057 36 02 32*

Medici-Villen **[131 E3]**
Die beiden schönsten sind *La Ferdinanda (Besichtigung Di 9.30 bis 12.30 nur nach Voranmeldung, Tel. 05 58 75 14 27)* über dem Dörfchen *Artimino* und die *Villa Ambra* bei *Poggio a Caiano (Nov. bis Feb. tgl. 8.15–15.30 Uhr, März 8.15–16.30, April/Mai und Sept./Okt. 8.15–17.30, Juni–Aug. 8.15 bis 18.30 Uhr, jeden 2. und 3. Mo im Monat geschl.).* Sie liegen nur wenige Kilometer voneinander entfernt, nahe der SS 66 zwischen Florenz und Pistoia. Die Villa Ambra wird von einem besonders schönen Park umgeben, im Pagenhaus der Villa in Artimino über dem Arnotal ist ein Viersternehotel mit vorzüglichem Restaurant *(Mi mittags und Do mittags geschl.)* untergebracht *(Paggeria Medicea, 37 Zi., Artimino, Tel. 05 58 71 80 81, Fax 05 58 75 14 70, www.artimino.com, €€€).*

Monsummano Terme **[130 B2]**
Mittelalterliches Städtchen im Tal des Flüsschens Nievole – und dazu

das bekannteste natürliche Schwitzbad Italiens. Die *Grotta Giusti* zieht sich 300 m tief in das Innere des Berges mit einer Temperatur von 27 bis 35 Grad bei 90-prozentiger Luftfeuchtigkeit: die ideale Therapie für Rheumakranke. Die Kuranlagen liegen in einem schönen, waldreichen Gebiet. Hotel: *Grotta Giusti, 70 Zi., Tel. 057 25 11 65, Fax 057 25 12 69, www.grotta giustispa.com,* €€€

Montecatini Terme **[130 B2]**

★ Das berühmteste und mondänste unter den Thermalbädern *(www.termemontecatini.it)* der Toskana bezaubert durch die Fin-de-Siècle-Architektur seiner Trinkhallen und durch die in Parks und Gärten eingebetteten Hotels aus der Zeit der Belle Époque. Nostalgische Straßencafés, nicht nur auf den Boulevards des Kurbades, sondern auch im hoch gelegenen Ortsteil *Montecatini Alto* (mit hübscher Piazza), das man mit der Zahnradbahn in zehn Minuten erreicht. Montecatini Terme (21 000 Ew.) besitzt eine Vielzahl von Hotels und beste bis einfache Restaurants. Auskunft: *Viale Verdi, 66 a, 51016 Montecatini Terme, Tel. 05 72 77 22 44, Fax 057 27 01 09, www.turismo.tosca na.it*

Prato **[131 E–F2]**

»Alle Lumpen kommen nach Prato!« Dieses doppelsinnige Sprichwort, das die Florentiner gern auf ihre Nachbarn anwenden, macht deutlich, dass die Prateser seit dem Mittelalter nicht nur Lumpen aus aller Welt ankaufen, sortieren und zu neuen Geweben verarbeiten, sondern dass dieser florierende Handel außer großem Reichtum auch Menschen mit weniger konservativen Anschauungen in die Stadt (172 000 Ew.) brachte und kritische Ansichten ihrer Bürger förderte. Curzio Malaparte, der respektlose Sohn Pratos, schrieb seinen Roman »Maledetti Toscani« im einstigen Hotel Stella d'Italia am Domplatz. Hochmodern mit Pool, Sauna, Tennisplatz und gutem Restaurant ist das *Art Hotel Museo (110 Zi., Viale della Repubblica, 289, Tel. 05 74 57 87, Fax 05 74 57 88 80, www.arthotel.it,* €€€*).*

Die Prateser zeigten sich schon immer modernen Kunstströmungen aufgeschlossen: Im *Teatro Metastasio (Via Verdi, Tel. 05 74 60 84)* von 1827, das zu den besten Theatern Italiens zählt, wurden die ersten avantgardistischen Stücke gespielt; heute bemüht man sich auch im *Teatro Il Fabbricone* um zeitgenössische Stücke *(Viale Targetti, 10, Tel. 05 74 69 09 62).* Das schönste und größte Museum zeitgenössischer Kunst in Italien, das ★ *Centro per l'Arte Contemporanea Luigi Pecci (Mi–Mo 10–19 Uhr, Viale della Repubblica, 277),* zeigt auf 12 000 m² Fläche im Freien und in zehn großen Museumsräumen moderne internationale Kunst der letzten Jahre. Bedeutende Kunstwerke des 14. bis 18. Jhs. beherbergen der mittelalterliche *Palazzo Pretorio (zzt. wegen Restaurierung geschl.)* und das 1998 eröffnete *Museo di Pittura Murale (Mi–Sa und Mo 10–18, So 10–13 Uhr, Piazza San Domenico).* Im Innern der Kirchen *Santa Maria delle Carceri* und *San Francesco* sowie im *Dom* bedeutende Fresken. An der rechten Fassadenecke des Doms befindet sich die mit einem Puttenrelief umgebene Kanzel von

Donatello und Michelozzo (1434 bis 1438), von der an Feiertagen der Gürtel der Jungfrau Maria (Il Sacro Cingolo) gezeigt wird.

In der mittelalterlichen Innenstadt *(Fußgängerzone)* gibt es elegante Geschäfte, nostalgische Cafés *(Brogi am Domplatz)* und gemütliche Restaurants. In der *Enoteca Barni (Sa mittags und So geschl., Via Ferrucci, 22, Tel. 05 74 60 78 45, www.enotecabarni.com, €€€, mittags €–€€)* bekochte der junge Chef 1999 die Teilnehmer des Gipfeltreffens; Sie bekommen ein Mittagsmenü schon um 15 Euro. Die *biscotti*, Pratos berühmtes Mandelgebäck, sollten Sie mitnehmen beim *Biscottificio Mattei* in der *Via Ricasoli, 20–22.* Auskunft: *Via Cairoli, 48/52, 59100 Prato, Tel. 057 42 41 12, Fax 05 74 60 79 25, www.turismo.toscana.it*

San Miniato **[130 C5]**
Mitte November wird das Städtchen über dem Arnotal zum Mekka der Trüffelliebhaber. Strategisch wichtig war der Ort seit dem Mittelalter, als Otto I. hier eine Festung errichten ließ, die Friedrich II. zu einer mächtigen Reichsburg ausbaute. Der *Dom* (12. Jh.) mit dem *Dommuseum (Sommer Di–So 9 bis 12 und 15–18 Uhr, Winter nur Sa/So 9–12 und 14.30–17 Uhr)* und die Kirche *San Francesco* sind weitere Sehenswürdigkeiten in dem hübschen Städtchen. Vorzüglich und in sehr angenehmem Ambiente isst man am Fuß des Berges im *Il Convio (Mi geschl., Via San Maiano 2, Tel. 05 71 40 81 14, €€).*

Vinci **[130–131 C–D3]**
★ Die Vaterstadt des großen Leonardo. Sein Geburtshaus steht im *Ortsteil Anchiano.* Faszinierend ist aber vor allem das *Museum* mit seinen Maschinen, Gerätschaften und den berühmten Entwürfen und Zeichnungen Leonardos. *Museum und Geburtshaus März–Okt. tgl. 9.30–19, Nov.–Feb. 9.30–18 Uhr*

Die genialen Maschinen und Geräte von Leonardo zeigt das Museum in Vinci

CHIANTI
CLASSICO
VINO
OLIO
VENDITA DIRETTA
AZ. AGRIC. CON

Zwei Tagestouren ins Schlaraffenland

Die Touren sind in der Karte auf dem hinteren Umschlag und im Reiseatlas ab Seite 118 grün markiert

1 KLÖSTER UND KULINARISCHES ENTLANG DER ALTEN RÖMERSTRASSE

Die Via Cassia, die heutige SS 2, führt durch uraltes Kulturland mit Weinbergen, Zypressenalleen und majestätischen Villen, befestigten Weilern, mittelalterlichen Burgen und stillen, abgelegenen Klöstern und Taufkirchen südwärts Richtung Siena. In Colle di Val d'Elsa verlässt die Route die Via Cassia und führt über die Etruskerstadt Volterra und das »Jerusalem der Toskana« nach San Gimignano. Unterwegs locken mehrere gute Trattorien, und an Gelegenheiten zum Kauf von Wein und Olivenöl direkt beim Erzeuger mangelt es ebenso wenig. Für die rund 190 km lange Tour sollten Sie einen vollen Tag einplanen.

Die Fahrt beginnt auf der Via Cassia, der alten Römerstraße (heute die Strada Statale 2), in Florenz an der Porta Romana. Noch vor der Autobahn erhebt sich in *Galluzzo* rechts der Straße der grandiose Komplex der *Certosa (Di–So 9–12 und 15–17, im Sommer bis 18 Uhr)* mit den charakteristischen Mönchszellen. Der 1341 errichteten Kartause, reich an Kunstschätzen und mit einer bewegten Geschichte, sollten Sie einen Besuch abstatten.

Durch das Land des schwarzen Hahns, das Chianti, führt eine höchst genussvolle (W)einkaufstour

Aus Zeitgründen nehmen Sie dann die Superstrada Firenze–Siena und verlassen sie nach 18 km an der Ausfahrt Tavarnelle. Vorbei am Ort selbst liegt etwa 500 m hinter dem Ortsende auf einer Kuppe rechts die Abfahrt nach *Spoiano,* einer schönen Renaissancevilla mit herrlichem Blick. Hier betreibt die Familie Waspi Agritourismus und verkauft Weine der Colli Senesi und vorzügliches kaltgepresstes Olivenöl – alles aus rein biologischem Anbau *(Tel. 05 58 07 73 13, www.toscanaholidays.com, Fr 10 Uhr Kellerbesichtigung).* Insider Tipp

Zurück auf der Hauptstraße, fahren Sie bis zur Ausfahrt Colle Val d'Elsa Nord. Der Ort *Colle di Val d'Elsa (S. 42)* besteht aus einem mittelalterlichen Teil, Colle Alta, mit der Kirche *Santa Caterina* (15. Jh.), dem Domplatz mit *Dom* (17. Jh.), *Palazzo Pretorio* mit der wap-

Traumhafte Ausblicke bietet die kurvenreiche Fahrt hinauf nach Volterra

pengeschmückten Fassade (Baubeginn 13. Jh.), der das *Archäologische Museum* beherbergt *(Mai bis Sept. Di–Fr 10–12 und 17–19, Sa und So 10–12 und 16–19 Uhr, Okt.–April Di–Fr 15.30–17.30, Sa und So 10–12 und 15.30–18.30 Uhr)*, sowie dem *Castello* (12. Jh.). Colle Bassa, am Fuß des Hügels, hat mit der Kirche *Sant'Agostino* (13. Jh.) eine besondere Kostbarkeit aufzuweisen. Bekannt ist die Stadt vor allem als Zentrum der Kristallschleiferei und seit dem 15. Jh. auch für Buchdruckereien.

Auf der Weiterfahrt folgen Sie den Hinweisen nach Volterra. Die Straße führt in Kehren mit traumhaften Ausblicken in die faszinierende, karge und spärlich besiedelte Landschaft hinauf zur alten Etruskerstadt *Volterra* *(S. 44)*. Nach Besichtigung der Stadt (etwa 1–2 Std.) folgen Sie den Hinweisen »Balze«; rechts und links der Straße erkennt man Reste der *etruskischen Mauern* und links die Kirche *San Giusto* am Rande der Erdabstürze (Parkplatz).

Die Straße mit Blick auf das entschwindende Volterra führt hinab ins Tal durch Macchia und Niedrigwald Richtung San Gimignano. Sie biegen jedoch 10 km vorher an der Kreuzung bei Castagno links Richtung Gambassi Terme ab. Auf der linken Straßenseite taucht nach wenigen Metern die *Osteria Il Castagno* auf *(Di geschl., Tel. 05 71 67 80 45, €)*. Kurz nach dem Gasthof biegt links die Straße nach *San Vivaldo* (5 km) ab, wo wiederum sofort rechts nach dem Ortsschild der Weg zum *Convento* abgeht. Im hohen Tannenwald um das Kloster liegen 21 kleine Kapellen. Sie sind mit mehrfarbigen, meist lebensgroßen Terrakottafiguren ausgestattet, die die Lebens- und Leidensgeschichte Christi darstellen. Wie Kirche und Kloster sind sie im 16. Jh. entstanden. Zwei Patres kümmern sich heute noch um das wertvolle Erbe, und Pater Luigi erklärt nicht nur die Geschichte des »Jerusalem der Toskana« in flüssigem Deutsch, sondern verkauft zudem den besten Honig der Toskana. In der angeschlossenen *Trattoria Il Focolare* wird man warm empfangen und bekocht *(Ostern–Okt. tgl. 18.30–24 Uhr, Fr–So auch 12 bis 15 Uhr, im Winter nur Fr–So, Tel. 057 16 94 98, €).* Wer die Straße von San Vivaldo weiterfährt, erreicht nach 4,5 km *Castelfalfi* mit dem schönsten und schwierigsten 18-Loch-*Golfplatz* der Toskana, Fischgewässer, drei Pools und Übernachtungsmöglichkeit *(Tel. 05 71 69 80 93, Fax 05 71 69 80 98, www.castelfalfi.it).*

Zurück auf der Hauptstraße hinter Castagno, fahren Sie an der Kreuzung links weiter Richtung San Gimignano. Nach wenigen Metern führt, wiederum links, eine Bilderbuch-Zypressenallee zum *Ristorante Casa Al Chino* mit Aussichtsrestaurant und preiswerten Zimmern *(Do geschl., Tel. 05 77 94 60 22, €–€€).* Von der Straße kommt man nach weiteren 50 m links auf eine Staubstraße, die in 2,5 km zur *Fattoria La Torre (Tel. 05 77 94 60 13)* führt, einem Gut mit Wein- und Olivenölverkauf, Grappa und allen denkbaren Gewürz- und Saucenmischungen. 500 000 Flaschen der besten Weine dieser Gegend aber kommen aus der *Azienda Agricola Teruzzi & Puthod Ponte a Rondolino (Tel. 05 77 94 01 43)* am Fuß von *San Gimignano (S. 42),* dessen Türme sich am Ende der Straße aufbauen. Man erreicht die Fattoria, indem man am Fuß von San Gimignano links den Hinweisschildern folgt (immer links halten, bis zur Fattoria im Tal).

Zurück umfahren Sie San Gimignano rechts bis zur Porta San Giovanni und ihrem bewachten Parkplatz und kehren nach erfolgter Besichtigung (1–2 Std.) nach Poggibonsi und über die Superstrada nach Florenz zurück.

2 DURCH DAS LAND DES SCHWARZEN HAHNS

Beiderseits der »Strada del Chianti« (SS 222) zwischen Florenz und Siena weisen unzählige Wegweiser zu den fattorie, den Weingütern. Praktisch überall können Sie Wein kaufen, und meist ist er gut. Wir führen Sie hier zu zwei bezaubernden Villen und zu drei Gütern, die sich durch ihre besonderen Weine ausgezeichnet haben – Weine für Kenner, die aber auch ihren Preis haben. Mit ausreichend Zeit für Verkostungen sollten Sie für die nur 120 km lange Tour dennoch einen ganzen Tag freihalten.

Sie verlassen Florenz von der Porta Romana kommend vorbei an der Villa Imperiale und fahren dann südwärts durch die wunderschöne *campagna fiorentina* zwischen Olivenhainen, Villen und kleinen Weilern in Richtung *Impruneta (S. 41).* Im Ort biegen Sie hinter der Kirche rechts ab Richtung Ferrone (an der Weggabelung bei den Neubauten geradeaus weiter, nicht Richtung Greve!). Durch typisch toskanische Landschaft führt die Straße hinab und dann entlang dem Flüsschen Greve.

Hier beginnen schon die Weinberge und die ersten Hinweisschilder auf Weingüter. Kurz nach

Passo dei Pecorai steht unübersehbar das Schild *Castello di Vicchiomaggio (Tel. 055 85 40 79, Fax 055 85 39 11, www.vicchio maggio.it).* Hier biegen Sie links ab, um dann am Fuß des Hügels scharf rechts auf die Staubstraße zum Castello einzubiegen. Eilige können schon hier in der *Cantina San Jacopo* ihren Weinvorrat ergänzen, die Fahrt hinauf zum weithin sichtbaren Castello ist jedoch lohnend. Hier bietet sich alles an: Weinkauf (mit großem Potenzial vor allem die beiden Roten »Riserva Petri« und »Ripa delle More«); man kann sich mit Grappa eindecken und mit würzigem *olio di oliva extra vergine,* von dem auf Vicchiomaggio jährlich um 7000 l gewonnen werden. In eleganten Räumen werden typisch toskanische Gerichte serviert – vom Feinsten und zu durchaus angemessenen Preisen; die schönen Gästezimmer kann man auch für nur eine Nacht belegen, und wer will, kann sich sogar in der kleinen Kirche trauen lassen. Nach Voranmeldung ist auch die Besichtigung der alten Kellereien möglich; die Führungen (nur auf Englisch) finden meist mittwochs nachmittags statt.

Vom Garten sehen Sie das alte *Castello di Verrazzano (Tel. 055 85 42 43, Fax 055 85 42 41, www.verrazzano.com)* auf dem Hügel gegenüber – Sie brauchen nur zur Hauptstraße zurück und erreichen schon nach wenigen Metern rechts die Auffahrt. Auch hier gibt es direkt an der Straße eine Verkaufsstelle, aber auch hier sollte man die Schotteranfahrt zum Castello nicht scheuen. In letzter Zeit haben vor allem die Barriqueweine »Sassello«, »Querciolino« und »Particolare« für Aufsehen gesorgt. Burg und Garten mit ihrem ganz besonderen Charme können besichtigt werden, außerdem werden Kellerführungen und Weinproben veranstaltet.

Wieder auf der SS 222, erreicht man nach wenigen Kilometern *Greve (S. 41),* den Hauptort des Chianti mit seinem schönen Marktplatz. Ein Muss ist hier der Besuch der *Antica Macelleria Falorni* unter den Arkaden der Piazza. Vor Generationen als einfache Fleischerei begonnen, wurde die Macelleria zu einem international bekannten Schlemmerparadies mit allen Köstlichkeiten der Region. Wohlschmeckende kleine Gerichte werden in der *Enoteca Gallo Nero* am nördlichen Ende der Piazza serviert *(Do geschl., Via C. Battisti, 9, Tel. 05 58 54 48 02,* **€€***).*

Als nächsten Ort an der SS 222 erreicht man *Panzano (S. 42).* Hier biegt eine schmale Straße oberhalb der Piazza Richtung Mercatale ab. Am Kirchlein links nach Santa Lucia und dann etwa 1 km durch Weinberge und auf unbefestigter Straße abwärts, bis Sie am Ende die *Fattoria dei Rampolla (Tel. 055 85 20 01)* erreichen. Was von der Familie des Principe Di Napoli Rampolla auf den 42 ha dieses Gutes erzeugt wird, gehört zu den besten Weinen der Toskana. Der Cabernet Sauvignon »Sammarco« ist ein »ganz rares Hochgewächs mit ausgeprägter Persönlichkeit und ungewöhnlich langer Lagerfähigkeit«, so Italiens Weinpapst Luigi Veronelli. Auch der »Chianti Classico Riserva« und der »Vigna di Alceo« gehören zu den Dreisterneweinen. Die Familienmitglieder legen im Weinberg selbst Hand an, und so kann es manchmal einige

Die Chiantitour empfehlen wir mit leerem Kofferraum zu unternehmen

Minuten dauern, ehe jemand zu Kellerführung und Weinverkauf auftaucht – haben Sie Geduld, es lohnt sich bestimmt!

3 km nach Panzano biegt man links Richtung Radda in Chianti ab, um das nächste Gut zu erreichen. Durch Weinberge und Wälder geht es entlang dem Flüsschen Pesa, bis sich nach etwa 10 km an einer Haarnadelkurve links die Straße zum *Castello di Volpaia (Tel. 05 77 73 80 66, www.volpaia.com)* emporschlängelt. Aus dem verlassenen Dorf haben seine Besitzer eines der renommiertesten Weingüter und ein kleines Mekka für moderne Kunst gemacht. Die Weine (rot: »Chianti Classico«, »Balifico« und vor allem der »Coltassala«; weiß: »Torniello«) und vorzügliches Olivenöl können das ganze Jahr hindurch am winzigen Dorfplatz gekauft werden.

Über *Radda in Chianti (S. 42)* fahren Sie durch Wälder hinab nach *Castellina (S. 41)* und hier am Ortseingang sofort scharf rechts Richtung San Donato. Die Straße führt nun über ein Hochplateau mit herrlichem Weitblick, bis Sie nach 7 km links die Abzweigung nach Olena und nach einem weiteren Kilometer (wiederum links) den Weg nach Monsanto und zu den *Cantine Isole e Olena* erreichen. Paolo De Marchis Spitzenwein hier ist der ausschließlich aus Sangiovesetrauben gewonnene »Cepparello«, berühmt ist aber auch der »Vin Santo« von Isole e Olena, ein für die Toskana typischer Dessertwein. Gekostet und gekauft werden kann jederzeit, bei Gruppen wird um Voranmeldung gebeten *(Tel. 05 58 07 27 63, Fax 05 58 07 22 36)*.

Falls Sie nun noch Zeit haben, können Sie in der romanischen Pieve von *San Donato* an Sommerabenden ein Konzert besuchen, ehe Sie über die Superstrada zurück nach Florenz fahren.

Für Aufsteiger und Abtaucher

Wer es rasant liebt, stürzt sich auf Rädern oder Brettern bergab, gemächlicher geht es bei Kochkursen und in Thermen zu

Die Hügel des Chianti, die schroffen Apuanischen Alpen, die waldige Garfagnana, das Naturparadies der Maremma, das Toskanische Archipel und die Sandküste der Versilia sind ideales Terrain für viele klassische Sportarten.

ANGELN

Angeln im Meer ohne Genehmigung, in Binnengewässern ist eine Bescheinigung erforderlich. *Federazione Italiana Pesca Sportiva, Via L. Gordigiani, 14, 50127 Firenze, Tel. 055 35 47 68, Fax 055 36 37 05*

BILDHAUEREI

Wer den Bildhauern von Pietrasanta und Umgebung nicht nur über die Schultern blicken will, kann unter fachkundiger Leitung auch selbst Hand anlegen. Insider Tipp Bildhauerkurse in Marmor gibt es für Anfänger und Fortgeschrittene. *Peter Rosenzweig/Campo dell'Altissimo, Via Sarzanese 2, 55040 Piano di Mommio, Anmeldung auch in Deutschland über Rosemarie Rosenzweig, Am Eichgarten 15, 12167 Berlin, Tel. 030/795 60 00, www.campo altissimo.com; Lynne Streeter/Marble & Art Workshop Laboratorio Ferdinando Palla, Pietrasanta, Kurssprache Englisch, Anmeldung über Lynne Streeter, Casella Postale 244, 55045 Pietrasanta, Tel. 05 84 79 20 04; Kyle Smith/Artspace Valdicastello, Kurssprache Englisch, Casella Postale 22, 55045 Pietrasanta, Tel. 05 84 77 21 01, www.marbleworkshop.com*

Ein hartes Stück Arbeit: Das dürfen Sie bei den Bildhauerkursen in und um Pietrasanta wörtlich nehmen

GOLF

Seit den Dreißigerjahren gibt es den Platz *Golf dell'Ugolino* Insider Tipp *(Grassina, 12 km südlich von Florenz an der SS 222, Tel. 05 52 30 10 09, www.golfugolino.it, 18 Löcher)* im Chiantigebiet. Seither sind in der Toskana weitere 18 9- bzw. 18-Loch-Plätze hinzugekommen. Die Broschüre »Führer zu den Golfplätzen der Toskana« verschickt auf Anfrage die *APET (Via Vittorio Emanuele II, 62/64, 50134 Firenze, Fax 05 54 62 80 48, l.pruneti@regione.toscana.it)*. Um einen Golfurlaub zu planen, wendet man sich am besten (auch in Deutsch) an Camil-

Insider Tipp lo Fioroni von *Golf & More (55040 Bargecchia, Tel. 05 84 99 80 50, Fax 05 84 99 87 49, www.toscanagolfmore.com).*

KANU & KAJAK

Kanu- und Kajakfahren sowie Rafting wird auf den Flüssen der Toskana, die sich auch in reißende Ströme verwandeln können, immer beliebter. Auskunft: *Federazione Italiana Canoa e Kajak (50126 Firenze, Via G. Orsini, 39, Tel./Fax 055 68 90 44).*

KOCHKURSE

Unter der Leitung von Lorenza de' Medici, Autorin zahlreicher Bücher über die italienische Küche, werden in der *Badia a Coltibuono (Gaiole in Chianti, Tel. 05 77 74 48 32, Fax 05 77 74 92 35, www.coltibuono.com)* aus dem 11. Jh. achtmal im Jahr Kochkurse angeboten. Im zur professionellen Laborküche umgestalteten Eselstall *La Bottega del 30 (Castelnuovo Berardenga, Ortsteil Villa a Sesta, Via Santa Caterina, 2, Tel./Fax 05 77 35 50 06, www.labottegadel30.it)* lässt Hélène Camelia ihre Zöglinge in die Geheimnisse traditioneller toskanischer Küche blicken. Nicht zufällig wurde ihr kleiner Landgasthof mit einem Michelin-Stern bedacht. Kurse April bis Juni und Sept./Okt., Wochen- oder Tageskurse möglich.

MOUNTAINBIKING

Landschaftlich besonders schöne Touren lassen sich in der Val d'Orcia zwischen Montalcino, Pienza und Montepulciano, in den Crete um Asciano und rund um Castagneto Carducci unternehmen. Routenvorschläge finden Sie in der Broschüre der Region Toskana »Toskana mit dem Fahrrad entdecken«. Mountainbikes verleihen und Routen organisieren u. a. *Cicloposse Bike Company (Pienza, Via 1° Maggio, Tel./Fax 05 78 71 63 92)* und *MTB-Club Grandama (Poggibonsi, Via Galilei, 10, Tel. 05 77 93 49 14).*

PARAGLIDING & BALLONFLÜGE

Wer die Toskana aus der Vogelperspektive erleben will, kann sich an *Flyten* in Lucca wenden *(Tel. 05 83 83 80 27, www.flyten.it).* Flüge mit dem Heißluftballon organisieren *Chianti Ballon Club (Pianella, Tel. 05 77 36 32 32)* und *Maremma Mongolfiera (Montemerano, Tel. 05 64 60 26 27).*

REITEN

Klassisches Reitgebiet der Toskana ist das Hinterland der Maremma.

Bei Bikern beliebt: das Tal der Orcia

Aber auch rund um Florenz, Siena und Arezzo gibt es zahlreiche Reitställe, viele Landhotels und *agriturismo*-Betriebe bieten Reitmöglichkeiten an. Ein dichtes Netz an Reitparcours finden Sie in der Garfagnana (Auskunft: *Comunità Montana della Garfagnana, Tel. 05 83 65 89 90*); empfehlenswert ist die Broschüre »Ippovie della Garfagnana«, auch in *www.alpiapuane.com/ippovie.htm.* Reitausflüge im Parco dell'Uccellina und in der Maremma organisiert *Albatro (Tel. 05 64 40 71 02).* Erfahrene Reiter sollten einen Ausflug mit den legendären *butteri*, den Viehhirten der Maremma, nicht auslassen (Auskunft: *Azienda Agricola Regionale di Alberese, Tel. 05 64 40 71 00; Centro Visite di Alberese, Tel. 05 64 40 70 98; Club Ippico Cannelle di Talamone, Tel. 05 64 88 70 20).* Ein Paradies für Pferdefreunde im Hinterland der Etruskischen Riviera ist *Agriturismo La Cerreta (Sassetta/Pian delle Vigne, Via Campagnana Sud 143, Tel./Fax 05 65 79 43 52)*, wo Daniele Mazzanti Reitkurse und -ausflüge organisiert.

Insider Tipp

SKIFAHREN

Traditionelle Skigebiete erstrecken sich am Abetone und um San Marcello Pistoiese (Auskunft: *Azienda di Promozione Turistica Abetone, Tel. 05 73 63 01 45, Fax 05 73 62 21 20*). Schöne Pisten finden Sie auch am Monte Amiata, in der nördlichen Garfagnana und in den Apuanischen Alpen.

THERMEN

Einige der annähernd 50 Kur- und Heilbäder der Toskana haben sich inzwischen zu regelrechten Wellnesscentern gemausert. Neben den traditionellen, touristisch perfekt organisierten Bädern wie Montecatini Terme oder Chianciano Terme locken vor allem kleinere Thermalquellen wie Terme di Saturnia, Bagno Vignoni oder die Schwefelquellen von Bagni di San Filippo bei Abbadia San Salvatore, die sich über einen versteinerten Wasserfall aus Kalk in kleine Becken ergießen. Auskunft: *Consorzio Termale di Toscana, Via delle Rose 12, 53042 Chianciano Terme, Tel. 057 86 81 11*

WANDERN

Schöne Wandergebiete sind das Chianti, der Monte Amiata, der Naturschutzpark San Rossore, der Parco Naturale della Maremma und der Parco dell'Orecchiella in der Garfagnana bei Lucca. Ein Paradies für Wanderer und Kletterer sind die Apuanischen Alpen (Auskunft: *Parco Naturale delle Alpi Apuane, Tel. 05 83 64 13 37 oder 058 47 58 21, www.parcapuane.toscana.it*). Eine gute Anlaufstelle für Wanderinfos und -touren ist der *Club Alpino Italiano* in Lucca *(Mo–Fr 19–20 Uhr, Palazzo Ducale, Cortile Carrara, 18, Tel. 05 83 58 26 69).*

WASSERSPORT

Segel- und Surfschulen gibt es in vielen Küstenorten. Ideale Ausgangspunkte für Segeltörns sind Viareggio, Pisa, Livorno, Punta Ala und Talamone. Dort können Sie Boote mit und ohne Skipper mieten. Tauchschulen gibt es vor allem auf Elba und Giglio mit ihrer reichen Unterwasserflora und -fauna. Vor Elba stößt man bei Pomonte in 14 m Tiefe sogar auf einen versunkenen Frachter.

Insider Tipp

Zu Besuch bei Pinocchio

Der Märchenpark lädt zu Marionettenaufführungen, und in Vinci staunen (nicht nur) Kinder über Leonardos »Fahrrad« aus dem 16. Jh.

Italien ist ein bekanntermaßen kinderfreundliches Land. Nicht jedes Restaurant hat einen Wickeltisch oder Kindersitz bereit oder einen Kinderteller auf der Karte, aber gern wird man ein paar Kissen holen oder eine *mezza porzione* zubereiten. Spielwiesen von großen und kleinen Kindern sind die feinsandigen Strände der Versilia und der Maremma sowie die Buchten von Elba und Giglio. Doch auch das Hinterland glänzt mit einigen Highlights. Und natürlich finden Sie auch in der Toskana die klassischen Vergnügungsparks mit Wasserrutschen, Achterbahnen und vielem mehr.

HERZ DER TOSKANA

Museo Stibbert in Florenz **[0]**
In über 70 Räumen ließ die Familie Stibbert ihrer Sammelleidenschaft – Kostüme und Gemälde, Waffen und Möbel – freien Lauf. Ein Saal beherbergt gar einen beeindruckenden Zug von 14 Rittern in voller Rüstung. *Mo–Mi 10–13, Fr–So 10 bis 17 Uhr, Eintritt 4 Euro, Kinder bis 12 Jahre 2 Euro, Via Montughi, 4*

Bei vielen traditionellen Festen legen auch die kleinen Italiener und Italienerinnen Tracht an

Parco Zoo della Fauna Europea **[120 C5]** Insider Tipp
In diesem Wildpark bei Poppi leben auf 50 ha einheimisches Rot-, Dam-, Reh- und Muffelwild, aber auch die vom Aussterben bedrohten weißen Asinaraesel aus Sardinien. Die Tiere sind sehr zutraulich und fressen zum Teil aus der Hand. Daneben gibt es in Gehegen auch Wölfe, Bären und Raubvögel. Ein Spielplatz mit Bar und *Ristorante (Ostern bis Okt. tgl. mittags geöffnet)* sowie eine Picknickwiese mit Grillstellen stehen den Besuchern zur Verfügung. An Wochenenden manchmal Ponyreiten. *Tgl. 9 Uhr–1 Std. vor Sonnenuntergang, Eintritt 5 Euro, Kinder von 3 bis 10 Jahren 3,50 Euro, www.parcozoopoppi.it*

Treno Natura **[124 B–C 3–5]**
Mit historischen Zügen durch die Hügellandschaft um Siena: Seltene Lokomotiven aus den Fünfzigerjahren oder fauchende Dampfloks schieben sich mit ihren originalen Waggons über eine der landschaftlich schönsten Bahnstrecken der Toskana. Während der Heizer im offenen

Führerhaus Kohle ins Feuer schaufelt oder virtuos an Rädern und Reglern dreht, fahren Sie von Siena über die Mondlandschaft der Crete nach Asciano und Monte Antico. Die Fahrt kann beliebig oft unterbrochen werden. Das Ticket für die 142 km lange Rundfahrt (ca. 3 Std.) kostet 13 Euro (für Kinder unter 10 Jahren in Begleitung eines Erwachsenen gratis). Während der Fahrt Barbetrieb. Auskunft zu Fahrten und Loktypen: *Tel. 05 77 20 74 13, Handy 33 88 99 25 77, www.ferrovie turistiche.it*

KÜSTENGEBIETE

Acqua il Parco **[123 D3]**
Zu den Attraktionen dieses Wasserparks gehören riesige Wasserrutschen, Wellenbäder und die künstliche Lagune Paradise Island. Auch Basketball und Beachvolleyball können Sie hier spielen. Eine Bar, ein Restaurant, eine Pizzeria und ein Selfservice stillen jeden Hunger. *Ende Mai–Mitte Sept. tgl. 10–18 Uhr, Eintritt 11,50 Euro, Kinder von 3 bis 12 Jahren 10 Euro, Cecina Mare, Via Tevere, 25*

Cavallino Matto **[123 D4]**
Klassischer Vergnügungspark mit Achterbahnen, Wasserrutschen in Holzstämmen, Kraken, Riesenrad, Geisterbahn und vielen neuen Attraktionen. Interessant ist das Aquarium mit Mittelmeerfauna. Einen ersten Überblick verschafft eine Fahrt mit dem Liliputzug oder der Kabinenseilbahn. Stärken können Sie sich in der Windmühlenbar, einem Restaurant, einem Selfservice oder einer Pizzeria. *März und Okt. So 10–19, April und zweite Hälfte Sept. Sa/So 10–19, Mai tgl. 10–19, Juni–erste Hälfte Sept. tgl. 10–20 (Juli/Aug. bis 24) Uhr, Eintritt 11,50 Euro, Kinder von 3 bis 10 Jahren 9,50 Euro, Marina di Castagneto-Donoratico, Via Po, 1*

Elbaland **[122 C6]**
Tierpark auf Elba mit einheimischen Tieren in Gehegen: Pferde, Ziegen, Schafe und Esel, Damwild, Pfauen und Hasen, auch viele Vögel, darunter einige Strauße. Fütterung möglich. Im Norden des 120 000 m^2 großen Parks auch einige Reproduktionen von Dinosauriern. Großer Spielplatz, Snackbar und Picknickwiese mit Grillplätzen. *April bis Okt. tgl. 11–19 (Mitte Juni–Mitte Sept. bis 21) Uhr, Eintritt 5 Euro, Kinder bis 10 Jahre 2,50 Euro, Portoferraio, Ortsteil San Giovanni*

Fantasilandia **[128 B6]**
Abenteuerspielplatz mit Wasser- und Kletterspielen, Zugfahren und Autorennen innerhalb des Parco Regionale di Migliarino e Massaciuc-

Kindgerecht: die feinsandigen Strände der Versilia und der Maremma

coli. *Mai–Sept. tgl. 8–20 (Juli/Aug. bis 24) Uhr, Eintritt 3 Euro, Tirrenia, Viale del Tirreno, 42*

Giardino dei Tarocchi **[126 C4]**
»Tarockgarten« nennt die französische Künstlerin Niki de Saint-Phalle ihren skurrilen Skulpturengarten in der Maremma. Farbenfreudige und gigantische, bis zu 15 m hohe Skulpturen stellen die 22 wichtigsten Figuren des italienischen Kartenspiels *tarocco* (verwandt dem Tarot) dar. Manche sind auch begehbar, so der König, ein Schloss mit unzähligen bunten Säulen, oder die Königin, eine Sphinx, die der Künstlerin auch mal als Behausung diente. *Mitte Mai bis Okt. tgl. 14.30–19.30 Uhr, Nov. bis Mitte Mai 1. Sa im Monat 9–13 Uhr, www.nikidesaintphalle.com, Eintritt 10 Euro, Kinder von 7 bis 16 Jahren und Studenten 6 Euro, Capalbio, Ortsteil Garavicchio, SS 1 Abfahrt Pescia Fiorentina, dann 1 km landeinwärts*

Parco Preistorico **[134 A2]**
Ein Sprung in die Urgeschichte: Fast 20 lebensgroße Dinosaurier, Riesenbären und -vögel bevölkern den 30 000 m^2 großen Park. Kiosk, Spielplätze und große Picknickwiese. *Tgl. 9–12 und 14 Uhr–Sonnenuntergang, Eintritt 4 Euro, Kinder von 4 bis 10 Jahren 3 Euro, Peccioli, Via dei Cappuccini, 20*

DER NORDEN

Museo Leonardiano di Vinci **[131 D3]**
Die Kopfseite der italienischen 1-Euro-Münze schmückt Leonardo da Vincis Skizze des Menschen. In seiner Heimatstadt Vinci im Schloss der Grafen Guidi widmete man dem Naturwissenschaftler, Tüftler und Erfinder ein kleines, einzigartiges Museum. Getreu seinen Entwurfzeichnungen baute man maßstabsgenaue Holzmodelle seiner Maschinen und Erfindungen. Da sieht man ein Schwingenflugzeug, eine Art Helikopter mit spiralförmiger Luftschraube, ein Boot mit kugelgetriebenem Schaufelradantrieb und sogar das Modell eines Fahrrads mit Kettenantrieb. Bei Gruppenbesichtigungen werden die Geräte in Bewegung versetzt. *März–Okt. tgl. 9.30–19, Nov.–Feb. 9.30–18 Uhr, Eintritt 3,50 Euro, Schüler bis 14 Jahre 1,50 Euro, Kinder unter 6 Jahren frei, Vinci, Via della Torre, 2*

Parco di Pinocchio **[129 F1]** Insider Tipp
In Collodi, Geburtsort von Carlo Lorenzini, dem Autor von Pinocchio, schuf man in den Siebzigerjahren einen verwunschenen, 20 000 m^2 großen Märchenpark mit überlebensgroßen Figuren. Auf Lichtungen und in kleinen Wäldchen begegnet man Freunden und Feinden von Pinocchio: der guten Fee und der sprechenden Grille, dem listigen Kater, dem lahmenden Fuchs und dem Wasser schnaubenden Walfisch, in dessen großem Bauch der arme Geppetto bei Kerzenlicht hockt. Von März bis Oktober locken fünfmal am Tag Marionettenaufführungen. Im Park gibt es zahlreiche Picknickplätze, WCs mit Wickeltisch, Spielplätze und eine Bar. Herrlich essen kann man in der *Osteria Gambero Rosso (Mo abends und Di geschl., Tel. 05 72 42 93 64, €€). Sommer tgl. 8–20 Uhr, sonst bis 1 Std. vor Sonnenuntergang, Eintritt 6,50 Euro, Kinder von 3 bis 14 Jahren 4 Euro, www.pinocchio.it, Collodi, Via San Gennaro, 3*

Angesagt!

Was Sie wissen sollten über Trends, die Szene und Kuriositäten in der Toskana

Mit Freunden ausgehen
Man trifft sich in einem der angesagten Cafés, *enoteche* oder Pubs, die in den letzten Jahren aus dem Boden geschossen sind. Beim Zahlen wird die Rechnung aufgeteilt, ohne die Posten auf den Cent genau aufzulisten. Sommerlicher Treffpunkt ist natürlich die Piazza, Quintessenz italienischer Lebenskultur. Typisch für Badeorte die abendliche *passeggiata* entlang der Hauptstraße, bei der der neueste Look ausgeführt wird.

Mode
In der Toskana heißt die Devise: nicht so schrill wie in Rom, nicht so *dark* wie in Mailand. Die saloppe Mode der italienischen Marke Diesel bleibt nicht nur bei den Twens erste Wahl. Einziges extravagantes Zugeständnis: bunte Lederjacken, mitunter auch in grellem Pink. Wichtig sind die Accessoires: Längst ist der klassische Rucksack von der quer getragenen Gürteltasche abgelöst worden, in der das Handy stets griffbereit ist. Turnschuhe sind nicht mehr aus Tuch, sondern aus buntem Leder oder aus Plastik.

Musik
Cantautori (Liedermacher) haben in Italien eine lange Tradition und sind trotz US-amerikanischer Übermacht und Latinopop nicht unterzukriegen. Angesagt ist in der Toskana der Sänger Piero Pelù der Rockband Litfiba (»Infinito«), der auch mal solo (»Nè buoni, nè cattivi«) auftritt. Absolute Senkrechtstarter: die Boygroup Lunapop (»Squèrez?«), die sich mit ihren melodischen Liedern und skandalfreien Auftritten in die Herzen aller Altersklassen gesungen haben. Sehr beliebt ist auch die Sängerin Irene Grandi (»In vacanza da una vita«).

Freizeit
Palestra heißt das Zauberwort. Quer durch alle Altersklassen, aber vor allem bei den Jüngeren steht Fitness an erster Stelle, ob Bodybuilding für die Männer oder Aerobic, Spinning oder Step bei den Frauen. Aber auch Kajak- und Kanufahren, z. B. auf dem Fluss Ombrone, ist sehr beliebt. Immer mehr Anhänger unter den Jüngeren findet das *surf da onda* (Wellenreiten). Treffpunkt ist Il Sale, 1 km nördlich vom Hafen von Livorno, wo die Wellen bis zu 4 m Höhe erreichen.

Von Anreise bis Zoll

Hier finden Sie kurz gefasst die wichtigsten Adressen und Informationen für Ihre Toskanareise

ANREISE

Auto

Die beiden Hauptrouten führen entweder durch die Schweiz (Gotthardpass bzw. -tunnel) und dann über Mailand und Genua oder Bologna oder durch Österreich (Brennerautobahn A 22) nach Modena und von dort über Bologna auf das Apenninteilstück der A 1 Milano–Roma. Siena erreicht man über eine Schnellstraße, die von der Autobahnausfahrt Firenze-Certosa abgeht.

Von Berlin, Dortmund, Köln, Frankfurt, Hamburg und Hildesheim fährt im Sommer einmal wöchentlich ein Autozug nach Livorno.

Bahn

Die Hauptlinien führen durch die Schweiz (Gotthardtunnel) über Mailand–Genua nach Livorno–Grosseto und durch Österreich über den Brenner und Bologna nach Florenz und Arezzo.

Bus

Busreisen in die Toskana werden von vielen Reisebüros angeboten. Fast alle Orte sind von Florenz aus mit Überlandbussen erreichbar.

Flugzeug

Lufthansa fliegt wöchentlich mehrmals nonstop von Frankfurt über München nach Florenz und ebenfalls mehrmals wöchentlich von München nach Pisa. Alitalia fliegt von fast allen größeren Flughäfen mit Zwischenstopp in Mailand.

AUSKUNFT

Staatliches Italienisches Fremdenverkehrsamt Enit

– Gratistel. aus Deutschland, Österreich und der Schweiz: Tel. 008 00 00 48 25 42
– Kaiserstr. 65, 60329 Frankfurt, Tel. 069/23 74 34, Fax 23 28 94
– Kärntnerring 4, 1010 Wien, Tel. 01/505 16 39, Fax 505 02 48
– Uraniastr. 32, 8001 Zürich, Tel. 01/211 30 31, Fax 211 38 85

In der Toskana bei der Azienda di Promozione Turistica (APT) in der jeweiligen Provinzhauptstadt und der lokalen Touristeninformation.

AUTO

Die Höchstgeschwindigkeit beträgt auf Autobahnen 130 km/h, auf Schnellstraßen 110 km/h, auf Landstraßen 90 km/h und in geschlossenen Ortschaften 50 km/h. Die Promillegrenze liegt bei 0,8. Auch in Italien besteht Anschnallpflicht.

Die meisten Tankstellen sind werktags zwischen 7.30 und 12.30 und 15 und 19 Uhr geöffnet, sonntags nur vereinzelt an Ausfallstraßen sowie auf den Autobahnen. Verbreitet sind jedoch auch Tankautomaten. Vorgeschriebene Autopapiere sind Führerschein und Fahrzeugschein, empfohlen werden die grüne Versicherungskarte und ein Auslandsschutzbrief.

Autobahnen sind gebührenpflichtig, Schnellstraßen *(superstrade)* nicht. Die einfache Fahrt mit dem PKW kostet auf der Strecke Brenner–Florenz gut 21 Euro, auf der Strecke Chiasso–Florenz gut 16 Euro. Dazu kommen Gebühren für die österreichische Autobahn (Tarife je nach Gültigkeitsdauer der Vignette) oder rund 26 Euro für die Benutzung der Schweizer Autobahnen im laufenden Jahr. Um das Warten an den Mautstellen zu umgehen, kann man beim ADAC oder an der Grenze eine Viacard kaufen und damit bargeldlos bezahlen. Die Pannenhilfe *(Tel. 116)* ist kostenlos.

BANKEN & KREDITKARTEN

Banken sind üblicherweise Mo bis Fr von 8.20 bis 13.20 Uhr und 14.45 bis 15.45 Uhr geöffnet. Eurocheques werden nicht mehr akzeptiert. Geldautomaten *(bancomat)* sind überall vorhanden. In vielen Restaurants, größeren Hotels und Geschäften sowie bei Tankstellen und an den Mautstationen der Autobahn werden die gängigen Kreditkarten akzeptiert.

BUS

Die Orte der Toskana sind durch ein sehr engmaschiges Netz von Buslinien verknüpft; Sammelstellen sind meist die Bahnhofsvorplätze oder die größeren Plätze der kleinen Orte.

DIPLOMATISCHE VERTRETUNG

Deutsche Konsulate

Florenz, Lungarno Vespucci, 30, Tel. 055 29 47 22; Arezzo, Case Nuove di Ceciliano, 49, Tel. 05 75 32 10 00

Österreichisches Konsulat

Florenz, Lungarno Vespucci, 58, Tel. 05 52 65 42 22

Schweizer Konsulat

Florenz, Hotel Park Palace, Piazzale Galileo, 5, Tel. 055 22 24 34

EINREISE

Grenzkontrollen finden normalerweise nur noch an den Grenzen mit der Schweiz statt.

EINTRITTSPREISE

Die Eintrittspreise für Museen liegen zwischen 1 und 8 Euro, unter 18 und über 60 oder 65 Jahren ist der Eintritt meist frei. Alle staatlichen Museen Italiens können von EU-Bürgern unter 25 Jahren zum halben Preis besucht werden.

EURO

Bei Redaktionsschluss waren noch nicht alle Europreise festgesetzt. Wir haben die Preise deshalb in manchen Fällen auf- bzw. abgerundet. In der nächsten Auflage finden Sie wieder wie gewohnt die exakten Preise.

FÄHREN

Livorno ist der größte Fährhafen in der Toskana (genau auf die Bezeichnung achten – es gibt drei Auslaufhäfen). Die Toremar fährt von hier aus zu den Inseln Capraia, Elba, Gorgona und Pianosa (außerdem nach Sardinien und Korsika). Von Piombino verkehren die direkten Fähren *(traghetti)* und Tragflügelboote *(aliscafi)* der Toremar und Moby Lines nach Elba. Von Porto Santo Stefano auf der Halbinsel Monte Argentario gibt es Verbindungen nach Giglio und Giannutri mit Toremar und Maregiglio. Autos können nach Elba, Capraia und Giglio (im Juli/Aug. nur mit Sondergenehmigung der Gemeinde, *Tel. 05 64 80 60 64, Fax 05 64 80 63 49*) befördert werden. Frühzeitige Reservierung ist erforderlich!

Maregiglio
Porto Santo Stefano, Tel. 05 64 81 29 20, Fax 05 64 81 11 60, www.maregiglio.it

Moby Lines
Piombino, Tel. 05 65 22 12 12, Fax 05 65 91 67 58, www.mobylines.it

Toremar
Livorno, Tel. 05 86 89 61 13, Fax 05 86 88 72 63
Piombino, Tel. 056 53 11 00, Fax 056 53 52 94
Porto Santo Stefano, Tel. 05 64 81 08 03, Fax 05 64 81 84 55, www.toremar.it

GESUNDHEIT

In den Apotheken *(farmacia)* ist angezeigt, welche Apotheke außerhalb der normalen Geschäftszeiten Bereitschaftsdienst hat.

Krankenkassen geben an ihre Mitglieder das Formular E 111 und ein Merkblatt aus, die man sich vor Reiseantritt besorgen sollte. Andernfalls muss man Arzt- und Apothekengebühren zunächst bar bezahlen und legt sie dann der heimischen Kasse zur Erstattung vor. Oder Sie schließen eine Reisekrankenversicherung ab.

INTERNET

Die wichtigsten toskanischen Städte sind im Internet präsent, viele Hotels auch online buchbar. Internetcafés schießen derzeit wie Pilze aus dem Boden. Zu den für die Toskana interessantesten Websites gehören *www.turismo.toscana.it* und *www.regione.toscana.it.* Die offizielle Website der Region Toskana bietet zahlreiche interessante Links. Alles zu Naturschutzgebieten und Wandermöglichkeiten finden Sie bei *www.parks.it,* umfangreiche Informationen zu Florenz mit Kulturkalender, aber auch Infos zu Nightlife,

Was kostet wie viel?

Imbiss	**um 1,80 Euro** für ein *panino* mit Käse
Kaffee	**1 Euro** für einen Cappuccino
Wasser	**80 Cent** für 0,75 l Mineralwasser
Wein	**1 Euro** für ein Glas Wein
Benzin	**1 Euro** für 1 l Super Bleifrei
Briefmarke	**41 Cent** für eine Postkarte ins Ausland

Sport oder Restaurants (englisch/ italienisch) auf *www.firenze.net.*

INTERNETCAFÉS

– Florenz: IT, Via dell'Oriuolo, 40r, Tel. 05 52 34 53 22; IT, Via Guelfa, 24a, Tel. 055 21 47 94
– Siena: IT, Via di Città, 121, Tel. 05 77 22 63 66; IT, Via Pantaneto, 54, Tel. 05 77 24 74 60
– Pisa: IT, Via San Lorenzo, Tel. 050 97 05 96
– Elba: IT, Marciana Marina, Via Garibaldi

MIETWAGEN

Avis *(www.avis.com)*, Hertz *(www.hertz.com)* und Maggiore *(www.maggiore.it)* haben Niederlassungen in Florenz, Pisa und Livorno, die beiden Ersteren auch in Siena; Hertz ist außerdem in Piombino vertreten, Avis in Porto Santo Stefano, Prato, Viareggio und Porto Azzurro auf Elba, Maggiore in Cecina, Grosseto, Lucca und Portoferraio (Elba). Die Tagesmiete für einen Kleinwagen fängt etwa bei 65 Euro Lire an, eine Woche kostet im günstigsten Fall 260 Euro.

NOTRUFE

Folgende Nummern sind von jedem Telefonapparat kostenlos:
Carabinieri (bei Verbrechen) *112*
Feuerwehr (Vigili del fuoco) *115*
Notarzt und Rettungswagen *118*
Polizei (bei Unfällen, mit Notarzt) *113*
Pannenhilfe *116*

ÖFFNUNGSZEITEN

In Italien gibt es keine festen Ladenschlusszeiten. Die meisten Geschäfte öffnen um 8.30 oder 9 Uhr und schließen gegen 19.30 Uhr. Bis auf die Sommermonate halten selbst die Supermärkte meist zwischen 12.30/13 Uhr und 15.30/16 Uhr Mittagspause. Kirchen sind meist von 8 bis 12 und von 15 bis 18 Uhr geöffnet.

POST

Die Postämter sind im Allgemeinen Mo–Fr 8.15–13 Uhr, Sa nur bis 12.20 Uhr geöffnet. Briefmarken *(francobolli)* erhält man auch in Tabakgeschäften und Bars, die mit einem großen T gekennzeichnet sind.

TELEFON & HANDY

Auch in kleinen Orten findet man Telefonzellen, die fast alle nur noch mit Magnetkarten (erhältlich in Bars, Tabakläden und Postämtern) arbeiten. Achtung: Man muss vor der Benutzung die perforierte Ecke abreißen! Indem man die Nummer *172 00 49* wählt, kann man ein R-Gespräch herstellen lassen oder mit Kreditkarte bezahlen (Anweisungen in Deutsch).

Die Vorwahl von Italien nach Deutschland ist 0049, in die Schweiz 0041, nach Österreich 0043. Nach Italien ist die Vorwahl 0039. Da es in Italien keine Vorwahlen mehr gibt, muss auch aus dem Ausland stets die Null am Anfang der Teilnehmernummer mitgewählt werden. Bei Handynummern hingegen fällt die erste Null weg.

Telefonieren mit dem Handy ist sehr teuer. Telecom Italia z. B. nimmt 0,95 Euro pro Minute plus einen Aufschlag, der je nach Betreiber zwischen 30 Cent (E-Plus) und 45 Cent (Viag) pro Gespräch schwankt. Wind dagegen berechnet nur 85 Cent pro Minute ohne zusätzliche Gebühren. Sie zahlen auch bei Anrufen aus Deutschland (zwischen 60 und 65 Cent pro Minute). Anrufer zahlen nur bis zur Landesgrenze, der Rest fällt auf Sie! Die Mailbox sollten Sie am besten ausschalten, denn Sie zahlen zum einen die Verbindung zum Handy, zum anderen für die Rückleitung des Anrufs auf die Mailbox nach Deutschland.

TRINKGELD

Es gelten die gleichen Gepflogenheiten wie in Deutschland. In Bars und Restaurants ist es jedoch üblich, sich immer erst das Wechselgeld bringen zu lassen. Das Trinkgeld lassen Sie dann auf dem Tisch liegen.

UNTERKUNFT

Agriturismo

Die italienische Variante des Urlaubs auf dem Bauernhof wird immer beliebter. Knapp 1500 toskanische Villen und ausgebaute Bauernhäuser sind das ideale Urlaubsdomizil für Individualisten. Die Unterkünfte sind in fünf durch Ähren gekennzeichnete Kategorien eingeteilt.

Zwei empfehlenswerte Agenturen: *Calcione Castle & Country (Via Giusti, 34, 50121 Firenze, Tel./Fax 05 52 34 47 45)* und *Salogi Villas, Farmhouses & Apartments (Via San Gregorio, 5, 55100 Lucca, Tel. 058 34 87 17, Fax 058 34 87 27, salogi@tin.it)*. Ein weit gefächertes Angebot erhält man durch *Agriturist (Via Manin, 20, 58100 Grosseto, Tel. 05 64 41 74 18, Fax 05 64 42 18 28, www.agriturist.it)*. Sie sollten rechtzeitig buchen!

Camping

Wildes Campen ist in Italien verboten. Auf insgesamt 160 organisierten Campingplätzen dürfte aber wohl jeder das für ihn Passende finden. In den Enit-Büros erhalten Sie die »Carta d'Italia parchi campeggio«. Auskunft bei *Federcampeggio (Via Vittorio Emanuele, 11, 50041 Calenzano, Tel. 055 88 23 91)*.

Hotels

Man kann viele Hotelzimmer durch das *Centro Prenotazione Alberghiera* direkt von Deutschland aus reservieren *(Mo–Fr 9–20, Sa 9 –17 Uhr, Tel. 0039/02 29 53 16 05, Fax 02 29 53 15 86, gebührenfreie Nummer innerhalb Italiens 800 01 57 72, www.cphi.it)*. Der Service (deutschsprachig) ist kostenfrei. Viele der empfohlenen Hotels vor allem an der Küste sind im Winter mehrere Monate geschlossen.

Jugendherbergen

In der Toskana steht rund ein Dutzend Jugendherbergen zur Verfügung. Auskunft: *Associazione Italiana Alberghi per la Gioventù (Via Cavour, 44, 00184 Roma, Tel. 064 87 11 52, www.hostels-aig.org)*

ZEITUNGEN

In allen touristisch bedeutsamen Orten bekommen Sie deutsche Zeitungen und Zeitschriften, meist schon am Tag ihres Erscheinens.

ZOLL

Innerhalb der EU dürfen Sie alle Waren für den persönlichen Bedarf frei ein- und ausführen. Richtwerte hierfür sind z. B. 800 Zigaretten, 90 l Wein, 10 l Spirituosen. Für Schweizer und bei Durchreise durch die Schweiz gelten erheblich geringere Freimengen, unter anderem 200 Zigaretten, 1 l Spirituosen und 2 l Wein.

Wetter in Florenz

	Jan.	Feb.	März	April	Mai	Juni	Juli	Aug.	Sept.	Okt.	Nov.	Dez.
Tagestemperaturen in °C	8	10	14	19	23	28	31	30	26	19	13	9
Nachttemperaturen in °C	2	3	6	9	13	16	19	19	16	12	7	3
Sonnenschein Std./Tag	4	4	5	6	7	9	10	9	7	6	4	4
Niederschlag Tage/Monat	9	7	8	8	9	6	3	4	6	9	11	9

Parli italiano?

»Sprichst du Italienisch?«
Dieser Sprachführer hilft Ihnen, die wichtigsten Wörter und Sätze auf Italienisch zu sagen

Zur Erleichterung der Aussprache:

c, cc	vor »e, i« wie deutsches »tsch« in deutsch, Bsp.: die**c**i, sonst wie »k«
ch, cch	wie deutsches »k«, Bsp.: pa**cch**i, **ch**e
ci, ce	wie deutsches »tsch«, Bsp.: **ci**ao, **ci**occolata
g, gg	vor »e, i« wie deutsches »dsch« in Dschungel, Bsp.: **g**ente
gl	ungefähr wie in »Familie«, Bsp.: fi**gl**io
gn	wie in »Kognak«, Bsp.: ba**gn**o
sc	vor »e, i« wie deutsches »sch«, Bsp.: u**sc**ita
sch	wie in »Skala«, Bsp.: I**sch**ia
sci	vor »a, o, u« wie deutsches »sch«, Bsp.: la**sci**are
z	immer stimmhaft wie »ds«

Ein Akzent steht im Italienischen nur, wenn die letzte Silbe betont wird. In den übrigen Fällen haben wir die Betonung durch einen Punkt unter dem betonten Vokal angegeben.

AUF EINEN BLICK

Ja./Nein.	Sì./No.
Vielleicht.	Fọrse.
Bitte./Danke.	Per favọre./Grạzie.
Gern geschehen.	Non c'è di che!
Entschuldigen Sie!	Scụsi!
Wie bitte?	Cọme dịce?
Ich verstehe Sie/dich nicht.	Non La/ti capịsco.
Ich spreche nur wenig ...	Pạrlo sọlo un po´di ...
Können Sie mir bitte helfen?	Mi può aiutạre, per favọre?
Ich möchte ...	Vorrẹi ...
Haben Sie ...?	Ha ...?
Wie viel kostet es?	Quạnto cọsta?
Wie viel Uhr ist es?	Che ọre sọno?/Che ọra è?

KENNENLERNEN

Guten Morgen!/Tag!	Buon giọrno!
Guten Abend!	Buọna sẹra!

Gute Nacht!	Buọna nọtte!
Hallo!/Grüß dich!	Cịao!
Wie geht es Ihnen/dir?	Cọme sta?/Cọme stai?
Danke. Und Ihnen/dir?	Bẹne, grạzie. E Lei/tu?
Auf Wiedersehen!	Arrivedẹrci!
Tschüss!	Cịao!
Bis bald!	A prẹsto!
Bis morgen!	A domạni!

UNTERWEGS

Auskunft

links	a sinịstra
rechts	a dẹstra
geradeaus	dirịtto
nah	vicịno
weit	lontạno
Wie weit ist das?	Quạnti chilọmetri sọno?
Ich möchte … mieten.	Vorrẹi noleggịare …
… ein Auto …	… ụna mạcchina.
… ein Fahrrad …	… ụna biciclẹtta.
… ein Boot …	… ụna bạrca.
Bitte, wo ist …	Scụsi, dov'è …
… der Bahnhof?	… la stazịone?
… die Haltestelle?	… la fermạta?
… der Hafen?	… il pọrto?
Zum … Hotel.	All'albẹrgo …

Panne

Ich habe eine Panne.	Ho un guạsto.
Würden Sie mir einen Abschleppwagen schicken?	Mi potrẹbbe mandạre un cạrro-attrẹzzi?
Gibt es hier in der Nähe eine Werkstatt?	Scụsi, c'è un'officịna qui vicịno?

Tankstelle

Wo ist bitte die nächste Tankstelle?	Dov'è la prọssima stazịone di servịzio, per favọre?
Ich möchte … Liter …	Vorrẹi … lịtri di …
… Normalbenzin.	… benzina normale.
… Super./… Diesel.	… sụper./… gasọlio.
Voll tanken, bitte.	Il pịeno, per favọre.

Unfall

Hilfe!	Aiụto!
Achtung!/Vorsicht!	Attenzịone!
Rufen Sie bitte schnell …	Chịami sụbito …

… einen Krankenwagen.	… un'autoambulạnza.
… die Polizei.	… la polizịa.
Haben Sie Verbandszeug?	Ha materiạle di prọnto soccọrso?
Es war meine Schuld.	È stạta cọlpa mịa.
Es war Ihre Schuld.	È stạta cọlpa Sụa.
Geben Sie mir bitte Ihren Namen und Ihre Anschrift!	Mi dịa il Sụo nọme e indirịzzo, per favọre!

ESSEN/UNTERHALTUNG

Wo gibt es hier …	Scụsi, mi potrẹbbe indicạre …
… ein gutes Restaurant?	… un buọn ristorạnte?
… ein typisches Restaurant?	… un locạle tịpico?
Gibt es in der Nähe eine Eisdiele?	C'è ụna gelaterịa qui vicịno?
Reservieren Sie uns bitte für heute Abend einen Tisch für vier Personen.	Può riservạrci per stasẹra un tạvolo per quạttro persọne?
Auf Ihr Wohl!	(Ạlla Sụa) salụte!
Bezahlen, bitte.	Il cọnto, per favọre.
Hat es geschmeckt?	Andạva bẹne?
Das Essen war ausgezeichnet.	(Il mangiạre) ẹra eccellẹnte.
Haben Sie einen Veranstaltungskalender?	Ha un progrạmma dẹlle manifestaziọni?

EINKAUFEN

Wo finde ich …	Dọve pọsso trovạre …
… eine Apotheke?	… ụna farmacịa?
… eine Bäckerei?	… un panifịcio?
… ein Fotogeschäft?	… un negọzio di artịcoli fotogrạfici?
… ein Lebensmittelgeschäft?	… un negọzio di gẹneri alimentạri?
… den Markt?	… il mercạto?
… einen Supermarkt?	… un supermercạto?
… einen Tabakladen?	… un tabaccạio?
… einen Zeitungshändler?	… un giornalạio?

ÜBERNACHTEN

Können Sie mir bitte … empfehlen?	Scụsi, potrẹbbe consigliạrmi …
… ein Hotel …	… un albẹrgo?
… eine Pension …	… ụna pensiọne?
Ich habe bei Ihnen ein Zimmer reserviert.	Ho prenotạto ụna cạmera.
Haben Sie noch …	È lịbera …

… ein Einzelzimmer?	… ụna sịngola?
… ein Zweibettzimmer?	… ụna dọppia?
… mit Dusche/Bad?	… con dọccia/bạgno?
… für eine Nacht?	… per ụna nọtte?
… für eine Woche?	… per ụna settimạna?
Was kostet das Zimmer …	Quạnto cọsta la cạmera …
… mit Frühstück?	… con la prịma colaziọne?
… mit Halbpension?	… a mẹzza pensiọne?

PRAKTISCHE INFORMATIONEN

Arzt

Können Sie mir einen guten Arzt empfehlen?	Mi può consigliạre un buọn mẹdico?
Ich habe Durchfall.	Sọffro di diarrẹa.
Ich habe …	Ho …
… Fieber.	… la fẹbbre.
… Kopfschmerzen.	… mal di tẹsta.
… Zahnschmerzen.	… mal di dẹnti.

Post

Was kostet …	Quạnto cọsta …
… ein Brief …	… ụna lẹttera …
… eine Postkarte …	… ụna cartolịna …
… nach Deutschland?	… per la Germạnia?

ZAHLEN

0	zẹro	19	diciannọve
1	ụno	20	vẹnti
2	dụe	21	ventụno
3	tre	30	trẹnta
4	quạttro	40	quarạnta
5	cịnque	50	cinquạnta
6	sei	60	sessạnta
7	sẹtte	70	settạnta
8	ọtto	80	ottạnta
9	nọve	90	novạnta
10	diẹci	100	cẹnto
11	ụndici	101	centoụno
12	dọdici	200	duecẹnto
13	trẹdici	1000	mịlle
14	quattọrdici	2000	duemịla
15	quịndici	10000	diecimịla
16	sẹdici		
17	diciassẹtte	1/2	un mẹzzo
18	diciọtto	1/4	un quạrto

Reiseatlas Toskana

Die Seiteneinteilung für den Reiseatlas finden Sie auf dem hinteren Umschlag dieses Reiseführers

Kartenlegende Reiseatlas

Autobahn · Gebührenpflichtige Anschlussstelle · Gebührenstelle · Anschlussstelle mit Nummer · Rasthaus mit Übernachtung · Raststätte · Erfrischungsstelle · Tankstelle · Parkplatz mit und ohne WC	Trento 11	Motorway · Toll junction · Toll station · Junction with number · Motel · Restaurant · Snackbar · Filling-station · Parking place with and without WC
Autobahn in Bau und geplant mit Datum der Verkehrsübergabe	Datum Date	Motorway under construction and projected with completion date
Zweibahnige Straße (4-spurig)		Dual carriageway (4 lanes)
Fernverkehrsstraße · Straßennummern	14 E45	Trunk road · Road numbers
Wichtige Hauptstraße		Important main road
Hauptstraße · Tunnel · Brücke		Main road · Tunnel · Bridge
Nebenstraßen		Minor roads
Fahrweg · Fußweg		Track · Footpath
Wanderweg (Auswahl)		Tourist footpath (selection)
Eisenbahn mit Fernverkehr		Main line railway
Zahnradbahn, Standseilbahn		Rack-railway, funicular
Kabinenschwebebahn · Sessellift		Aerial cableway · Chair-lift
Autofähre		Car ferry
Personenfähre		Passenger ferry
Schifffahrtslinie		Shipping route
Naturschutzgebiet · Sperrgebiet		Nature reserve · Prohibited area
Nationalpark, Naturpark · Wald		National park, natural park · Forest
Straße für Kfz. gesperrt		Road closed to motor vehicles
Straße mit Gebühr		Toll road
Straße mit Wintersperre	XII-II	Road closed in winter
Straße für Wohnanhänger gesperrt bzw. nicht empfehlenswert		Road closed or not recommended for caravans
Touristenstraße · Pass	Weinstraße 1510	Tourist route · Pass
Schöner Ausblick · Rundblick · Landschaftlich bes. schöne Strecke		Scenic view · Panoramic view · Route with beautiful scenery
Golfplatz · Schwimmbad		Golf-course · Swimming pool
Ferienzeltplatz · Zeltplatz		Holiday camp · Transit camp
Jugendherberge · Sprungschanze		Youth hostel · Ski jump
Kirche im Ort, freistehend · Kapelle		Church · Chapel
Kloster · Klosterruine		Monastery · Monastery ruin
Schloss, Burg · Schloss-, Burgruine		Palace, castle · Ruin
Turm · Funk-, Fernsehturm		Tower · Radio-, TV-tower
Leuchtturm · Kraftwerk		Lighthouse · Power station
Wasserfall · Schleuse		Waterfall · Lock
Bauwerk · Marktplatz, Areal		Important building · Market place, area
Ausgrabungs- u. Ruinenstätte · Feldkreuz		Arch. excavation, ruins · Calvary
Dolmen · Menhir · Nuraghen		Dolmen · Menhir · Nuraghe
Hünen-, Hügelgrab · Soldatenfriedhof		Cairn · Military cemetery
Hotel, Gasthaus, Berghütte · Höhle		Hotel, inn, refuge · Cave
Kultur		**Culture**
Malerisches Ortsbild · Ortshöhe	WIEN (171)	Picturesque town · Elevation
Eine Reise wert	★★ MILANO	Worth a journey
Lohnt einen Umweg	★ TEMPLIN	Worth a detour
Sehenswert	Andermatt	Worth seeing
Landschaft		**Landscape**
Eine Reise wert	★★ Las Cañadas	Worth a journey
Lohnt einen Umweg	★ Texel	Worth a detour
Sehenswert	Dikti	Worth seeing

A
B
C
1
2
3
4
5
6
M. Pelpi
Bedónia
Borgo Val di Taro
523
M. Molinático
Pso. della Cisa
Berceto
M. Cervellino
Corníglio
Tizzano V. P.
M. Fuso
Parma
Ranzano
A15
Palanzano
Castel ne'Mon
P.so d. Cento Croci
Squarci
Mónchio d. Corti
Ramiseto
M. Spiaggi
Pontrémoli
Lagdei
M. Góttero
E31
M. Sillara
Pso. di Lagastrello
M. Ventasso
Collagna
Pietro Vara
Patigno
Filattiera
Bagnone
A. d. Succiso
Mulazzo
Lunigiana
Sesta Godáno
Villafranca in Lunig.
P.so d. Cerreto
566
Brugnato-Borghetto di Vara
M. Cornoviglio
Comano
Cálice al Cornov.
Magra
Licciana Nardi
C.ma Belfiore
62
Tresana
Aulla
Fivizzano
Sillano
63
Carrodano-Levante
Borghetto di Vara
E80
A12
Casola in Lunig.
445
Pignone
Rometta
Minucciano
Via Aurélia
Ricco del Golfo di Spézia
Santo Stéfano d.M.
Piazza al Sérchio
Cinque Terre
Passo della Foce
Équi Terme
Vinca
Campor-giano
Fosdinovo
M. Pisanino
Lago di Vagli
Corníglia
Riomaggiore
Sarzana
Parco Naturale delle Alpi Apuane
Vagli Sotto
LA SPÉZIA
Lérici
Luni
Porto-vénere
Améglia
CARRARA
Montemarcello
Marina d. Car.
MASSA
Marina di Massa
Seravezza
Riviera della Versília
PIETRASAN
Forte dei Marmi
Versília
Marina di Pietrasanta
Piano di Mó
Lido di Camaiore
Viaréggio-Cama
VIARÉGGIO
Torre d. Lago Puccini
Via Aurélia
Migliarino
Gombo
PIS
Pisa Centr
Marina di Pisa
S. Piero a Grado
Tirrénia
224
Calambrone
Bastia 5h
Ólbia 6-12h, Golfo Aranci 5½h, Tunis 25h
10 km
122
118
LIVORNO

Canossa
Sassuolo
Castelnuovo Rangone
Spilamberto
Castellarano
Maranello
Casina
Baiso
Castelvetro di Mód.
Vignola
Carpineti
Prignano s. S.
Marano s. Panaro
M. Fósola
Serramazzoni
Guíglia
Toano
M. S. Giúlia
Rocca Malatina
Savignano
Parco Regionale dei Sassi di Roccamalatina
Villa Minozzo
S. António
Montefiorino
Zocca
Pavullo nel Frignano
Polinago
Montecúccoli
Appennino Reggiano
Frassinoro
Lama Mocogno
Bocca di Ravàri
M. Cantiere
Castèl d'Aiano
Barigazzo
Montese
Riola d. V.
Montecreto
Sestola
Grizzana
Piandelagotti
Foce di Radici
M. Cimone
Gaggio Mont.
Pievepélago
Fanano
Silla
Sant'Anna Pélago
Fiumalbo
Camugnano
Villa Collemandina
Pso d. Abetone
Abetone
Lizzano in Belv.
Porretta Terme
Pte. d. Venturina
Parco Regionale dell' Alto Appennino Modenese
Cno alle Scale
M. Giovo
Lago di Suviana
Cutigliano
Montepiano
Barga
S. Marcello Pist.
Prácchia
Sambuca Pistoiese
Maresca
Porrettana
Vérnio
Bagni di Lucca
Popíglio
Pontepetri
Pso d. Collina di Porretta
Sammommè
Cantagallo
Borgo a Mozzano
Prunetta
Piastre
l'Acquerino
M. Battifolle
Croce a Uzzo
Diécimo
Vaiano
Ombréglio
PISTÓIA
Villa Basílica
Marliana
Montemurlo
Péscia
Serravalle Pist.
Collodi
Agliana
LUCCA
S. Pietro a Vico
Montecatini Terme
Monte Albano
PRATO
CAPÁNNORI
Porcari
Monsummano Terme
Campi Bisénzio
Lucca
Capánnori
Chiesina Uzz.
Altopáscio
Póggio a Caiano
Lamporécchio
Signa
Altopáscio
Artimino
Galleno
Vinci
Monte Pisano
Cerreto Guidi
Lastra a Signa
Fucécchio
ÉMPOLI
Scandicci
Certosa di Pisa
Calci
S. Croce sull'A.
Arno
Montelupo Fior.
Vicopisano
Biéntina
Ponte a Elsa
Ospedaletto
Ponte a Égola
Cerbáia
CÁSCINA
S. Miniato
Montespértoli
Pontedera
Ponsacco
F. Elsa
Castelfiorentino
Vicarello
Fórcoli
Collesalvetti
Capannoli
Paláia
Fáuglia
Lari
Montefoscoli
Peccioli
Crespina
Montaione
Tavarnelle V. di Pesa
Torretta
Casciana
Certaldo
A11
E76
12
63
486
467
569
623
64
324
66
67
67bis
439
429

123

BOLOGNA
Búdrio
Fiorentina
Conselice
Borgo Panigale
Bazzano
Bol.-Casalecchio
Casalécchio d. R.
Mad. di S. Luca
Bol.-San Lazzaro
S. Lazzaro d. Sav.
Castenaso
Medicina
Rastignano
Ozzano d. Em.
Sesto Imolese
Castel S. Pietro
Castel Guelfo d. Bol.
Monte S. Pietro
Sasso Marconi
Savigno
Castel S. Pietro d. Terme
Imola
Dozza
Mad. d. Piratello
IMOLA
Castel Bolognese
Badolo
Pianoro
M. Vignola
Marzabotto
Vado
Porrettana
Vergato
Grizzana
Mad. d. Formiche
Monterenzio
Casal-Fiumanese
Borgo Tossignano
Riolo Terme
Rioveggio
Autostrada del Sole
Loiano
Sassoleone
Santerno
Brisighella
Lagaro
Monghidoro
Castèl d. Rio
Cásola Valsénio
S. Benedetto V. d. Samb.
Camugnano
Pso d. Raticosa
Moradúccio
Sant' Eufémia
Pian del Voglio
Pietramala
M. Faggiola
Castagno
Castiglione dei Pépoli
Coviglaio
Roncobilaccio
Firenzuola
Palazzuolo sul Sénio
S. Martino in Gattara
Montepiano
Passo di Futa
Marradí
Tredózio
Vérnio
Giogo di Scarperia
Crespino d. Lamone
Pórtigo di Romagna
Barberino d. M.
C. di Caságlia
Scarperia
Ronta
Alpe di S. Benedetto
Cascata di Acquacheta
S. Benedetto in Alpe
Cáfaggiolo
S. Piero a Sieve
Mugello
Passo di Muraglione
Vaiano
Croci di Cal.
Borgo S. Lorenzo
Vicchio
Godenzo
Monti di Cálvana
Váglia
Monte Senário
Dicomano
Emilia
Falterona
Calenzano
Bivigliano
Calenzano-Sesto Fiorentino
Sieve
Pso la Calla
SESTO FIOR.
Campi Bisénzio
Fiésole
Molino d. Piano
Rufina
Passo di Consuma
Signa
Firenze-Peretola
Pontassieve
Stia
Prato vécchio
Arno
F. Signa
Consuma
Castel di Romena
Lastra a S.
SCANDICCI
FIRENZE
Pélago
Saltino
Montelupo Fior.
F.-Certosa
Galluzzo
Vallombrosa
Poppi
Rignano sull' Arno
Pratomagno
Bibbiena
Impruneta
Strada
Reggello
Raggiolo
Cerbáia
Incisa
S. Casciano in V. di Pesa
Incisa in V. d' Arno
Autostrada del Sole
Montefiridolfi
Figline Vald.
Loro Ciuffenna
Tavarnelle V. di Pesa
Greve
Terranuova Bracc.
Valdarno
Campana
124
120

D
E
F
10 km
MARE
ADRIATICO
1
2
3
5
6
S. Alberto
Alfonsine
Marina Romea
Strada Romea
Porto Corsini
Marina di Ravenna
Via Adriatica
Belricetto
Fusignano
Villanova
LUGO
Bagnacavallo
Punta Marina
Lido Adriano
RAVENNA
Lugo Cotignola
A14d.
Godo
SS253 S.Vitale
Cotignola
Russi
Montone
S. Apollinare in Classe
Parco Regionale del Delta del Po
Faenza
Ghibullo
129
27
51
E55
Lido di Classe
Lido del Sávio
Coccolía
S. Pietro in Vinc.
Sávio
Villafranca di Forlì
34
Castiglione d. Rav.
Milano Maríttima
Forlì
Casemurate
CÉRVIA
Via Adriatica
Carpinello
Cesena Nord
FORLÌ
Cesenático
Terra del Sole
Forlimpópoli
74
Gatteo a Mare
Castrocaro
Forlì
Cesena
Bellária
Igea Marina
CESENA
Bertinoro
Dovadola
Méldola
30
Viserba
Via Emilia
Predáppio
Savignano sul Rubicone
RIMINI
S Casciano
Santarcángelo di Rom.
A14
C. di Centoforche
Rímini Sud
Civitella di Rom
Sogliano al Rubicone
Póggio Berni
Torriana
Marecchia
Galeata
Rivoschio Pieve
Monte-bello
Verúcchio
23
Nazionale delle Foreste
Mercato Saraceno
55
SAN MARINO
Santa Sofia
San Marino
Spinello
Sársina
San Leo
Monte Falterona-Campigna
Sant' Ágata Feltria
Novafeltria
Savio
Mercatino
S. Piero in Bagno
Montefeltro
Álfero
Monte Cerignone
Auditore
Bagno di Romagna
Pennabilli
Monte Carpegna
Macerata Feltria
Verghereto
Casteldelci
Fóglia
Valico Montecoronaro
Carpegna
Sassocorvaro
Badia Prataglia
di Serra
Balze
Frontino
Lunano
M d Zucca
Badia Tedalda
Sestino
Piandimeleto
la Verna
E45
Passo di Viamággio
Chiusi di Verna
Pieve S. Stéfano
S. Ángelo in Vado
Borgo Pace
Urbánia
E78
Mercatello sul Metáuro
Caprese Michelángelo
Lámoli
Lago di Montedoglio
Bocca Trabária
Piobbico
Subbiano
Sansepolcro
Anghiari
125

A
118
B
C
1
2
3
4
5
6
PISA
Pisa Centrale
Marina di Pisa
S. Piero a. Grado
Livorno
Tirrénia
224
Calambrone
9
LIVORNO
Ardenza
36
Antignano
Quercianella
Parco Nazionale dell' Arcipelago Toscano
I. di Gorgona
1½h
Castiglion
Rosig
Riviera degli
M A R E
L I G U R E
1½h
2½h
Parco Nazionale dell' Arcipelago Toscano
P. d. Téia
Capráia
I. di Capráia
P. d. Zenóbito
Bastia 2-4h
2h
Isola d' Elba
Porto-ferráio
Bastia 3½h
Porto-Vécchio 8-11h
Golfo Aranci 10h
Ólbia 10h
Cágliari 19h
Palermo 17h
Parco Nazionale dell' Arcipelago Toscano
Marciana Marina
Biódola
Marciana
1018
Procchio
S. Martino
Chiessi
M. Capanne
Marina di Campo
Lacona
P. di Fetováia
10 km

Vicopisano
Biéntina
Fior.
CÁSCINA
Pontedera
Ponte a Egola
S. Miniato
Montespértoli
Cerbáia
Ospedaletto
Ponsacco
Vicarello
Collesalvetti
Fórcoli
Capannoli
Paláia
Castelfiorentino
Fauglia
Créspina
Lari
Montefóscoli
Légoli
Varna
Montaione
Tavarne
Certaldo
Torretta
Lorenzana
Casciana Terme
Terricciola
Péccioli
Castelfalfi
Gambassi Terme
Pieve di Céllole
Orciano Pisano
Chianni
F. Era
il Castagno
S. Luce
Laiático
S. Gimignano
(324)
Castellina Maritt.
Volterra
Miemo
Castel S. Gimignano
ROSIGNANO MARÍTTIMO
Strada del Vino
Rosignano Maritt.
Riparbella
Montecatini Val di Cécina
Saline di Volterra
Cásole d' Elsa
Montescudáio
S. Pietro Palazzi
Cécina
Guardistallo
F. Cécina
Marina di Cécina
Pomarance
(367)
Monteguidi
Pievescola
Bibbona
Radicóndoli
(510)
Bólgheri
Larderello
Serrazzano
Belforte
di Bibbona
Oasi di Bólgheri
S.Guido
Anqua
Castelnuovo di V. di Cécina
Colline Metallifere
Canneto
Castagneto-Donorático
Castagneto Carducci
Terme d. Bagnolo
Monteverdi Maritt.
Ciciano
S. Galgano
337
Sassetta
Monterotondo Maríttima
Montieri
(704)
Boccheggiano
S. Vincenzo
Campíglia Maritt.
Suvereto
Prata
Gabellino
Massa Maríttima
(380)
Golfo di Baratti
Venturina
Tatti
Roccatederighi
Montemassi
Montioni
Valpiana
Populónia
Via Aurélia
F. Cornia
Riotorto
Cura Nuova
Ribolla
F. Bruna
PIOMBINO
Follónica
Gavorrano
Giuncárico
Scarlino
Ravi
Caldana
Mont (222)
di Piombino
I. Palmaiola
Cavo
I. Cérboli
Tirli
Vetulónia
Golfo di Follónica
Rio Marina
P. Ala
Punta Ala
le Rocchette
Grosseto
GROSSETO
Castiglione della Pescáia
123
126
119
di Grosseto
Rispéscia
A12
E80

A
B
C
120
Impruneta
Fior.
F.-Certosa
Cerbaia
Strada
S. Casciano
in V. di Pesa
Incisa
in V. d' Arno
Rignano
sull' Arno
Reggello
Pratomagno
Bibbiena
Ragginolo
Autostrada del Sole
A1
63
E35
Montefiridolfi
Figline
Vald.
Loro Ciuffenna
Greve
Sambuca
222
S. Giovanni
Valdarno
Terranuova
Bracc.
Tavarnelle
V. di Pesa
Certaldo
Campana
C. di Montecarlo
S. Donato
Via Chiantigiana
Monte-
varchi
Laterina
Chianti
Badia
Coltibuono
69
61
Radda
in Chianti
Lévane
Castellina
in Chianti
Gaiole in Chianti
Búcine
Capánnole
POGGIBONSI
Meleto
Ambra
Arezzo
Stággia
Cast. di Brólio
Colle
di V. d' Elsa
Strada
dei Castelli
del Chianti
Via Chiantigiana
540
Monteriggioni
Castelnuovo
Berardenga
541
2
Pianella
Monte
S. Savino
73
SIENA
(322)
Cast. d. 4 Torri
E78
326
Pievescola
Costalpino
Montagnola
Sovicille
Rapolano
Lucignano
Rosia
S. Rocco
a Pilli
Asciano
Belforte
Monteroni
d' Árbia
Lucignano
d' Árbia
F. Merse
Grotti
Sinalunga
Via Cássia
Abb. a M. Oliveto
Maggiore
Montisi
Torrita
di Siena
S. Galgano
S. Lorenzo
a Merse
S. Giovanni
d' Asso
441
Monticiano
223
Buonconvento
ccheggiano
F. Ombrone
Torrenieri
146
Bagni
di Petriolo
Monte
Pienza
Torniella
78
Montalcino
(567)
S. Quírico
d' Órcia
73
Sassofortino
Chiano
Roccastrada
Abb. di S. Ántimo
Civitella
Marittima
Castiglione
d' Órcia
E78
2
F. Orcia
143
Campiglia
Pagánico
Montenero
Sticciano
Castel
d. Piano
Montepescali
(222)
223
Cinigiano
Campagnático
(679)
1738
Abbadia
S. Salvat
M. Amiata
Batignano
Arcidosso
Piancastagn
Bagno
Roselle
Rusellae
1193
Saragiolo
Roselle
S. Fiora
Istia
d' Ombr.
Arcille
F. Ombrone
Roccalbegna
Castell' Azzara
Montorgiali
10 km
126
124
Acqua
829
Rispéscia
Via
Serano

D
E
F
121
125
127
1
2
3
4
5
Passo di Viamággio
988
Chiusi di Verna
Pieve S. Stéfano
208
E45
Caprese Michelángelo
Lago di Montedoglio
Subbiano
Anghiari
Borgo Pace
Lámoli
E78
73bis
Mercatello sul Metáuro
Urbánia
Bocca Trabária 1049
Piòbbico
Sansepolcro
S. Giustino
Apécchio
Bocca Serriola 730
Ponte alla Chiassa
Monterchi
221
AREZZO
(296)
E78
73
526
Palazzo d. Pero
CITTÀ DI CASTELLO
(288)
101
Pietralunga
S. Secondo
E45
Morra
Trestina
Loreto
Rigutino
Lugnano
Montone
(522)
Castiglion Fiorentino
37
Niccone
3bis
219
Umbèrtide
Civitella Ranieri
742
(650)
71
Brólio
CORTONA
S. Andrea di Sorbello
Mengara
Foiano d. Chiana
Camucia
Mercatale
Préggio
Tuoro sul Tras.
Teróntola
20
Val di Chiana Bettole-Sinalunga
Passignano sul Tras.
Pantano
S. Maria
F. Tévere
Ponte Páttoli
Picci
Petrignano
Isola Maggiore
Lago
Trasimeno
Castiglione d. Lago
Magione
44
Corciano
Bosco
PERÚGIA
(493)
Ipogeo d. Volumni
Perúgia St. Egidio
Valiano
Pozzuolo
Lago di Montepulciano
Monte Melino
599
P. te S. Giovanni
75
326
Lago di Chiusi
Mácchie
Capanne
Torgiano
E35
146
Chiusi
71
Panicale
Chiusi-Chianciano T.
220
Ponte Nuovo
(176)
Bettona
79
Città d. Pieve
Tavernelle
Deruta
A1
Piegaro
Cetona
Autostrada del Sole
67
Piazze
Marsciano
Monteleone d'Orvieto
3bis
E45
Bastardo
S. Casciano dei Bagni
S. Venanzo
Ficulle
Lago di S. Casciano
Parco Fluviale del Tévere
316
F. Páglia
71
Castel Viscardo
Prodo
Todi
(410)
448
Massa Martana
ORVIETO
Castel Giórgio
2
74
(325)
Lago di Corbara
Acquasparta
Grotte
Umbria

A
B
C
123
78
1
2
3
4
5
6
Boccheggiano
Gabellino
Torniella
Bagni di Petriolo
F. Ombrone
Torre
Massa Marittima
(380)
Montalcino
(567)
73
Sassofortino
Tatti
Roccastrada
Roccatederighi
Montemassi
Valpiana
Civitella Marittima
Abb. di S. Antin
Cura Nuova
E78
Ribolla
F. Bruna
Gavorrano
Paganico
Montenero
Giuncarico
Sticciano
Scarlino
Ravi
Caldana
223
Montepescali
(222)
Cinigiano
Campagnatico
Batignano
Tirli
Vetulónia
Arci
Bagno Roselle
Rusellae
Roselle
F. Ombrone
Arcille
Punta Ala
322
Grosseto
GROSSETO
I'stia d'Ombr.
Roccalbeg
Castiglione della Pescáia
Montorgiali
Marina di Grosseto
Rispéscia
Principina a Mare
Via Aurélia
Alberese
Scansano
Saturnia
Marina di Alberese
M. ti dell'Uccellina
415
Montiano
323
Parco Naturale della Maremma
E80
Magliano in Toscana
Maremma
F. Albegna
Formiche di Grosseto
Fonte Blanda
Talamone
74
Albinia
Capálbio
Porto S. Stéfano
Orbetello
Via Aurélia
Conv. to Passionisti
Cosa
Ansedónia
Monte Argentário
635
Port' Ércole
P. d. Fenáio
Giglio Castello
I. Formica di Burano
Campese
Giglio Porto
P. di T. re Ciana
498
I. del Gíglio
1h
P. d. Capel Rosso
Parco Nazionale dell' Arcipelago Toscano
Villa Romana
I. di Giannutri
M A R E
T I R R E N
10 km

Trasimeno
Pozzuolo
Lago di Montepulciano
Monte Melino
599
D
E
F
146
(605)
Montepulciano
326
125
Macchie
Pienza
S. Quirico d'Órcia
Lago di Chiusi
E35
Chiusi
Panicale
Chianciano Terme
146
71
220
1
Chiusi-Chianciano T.
Tavernelle
Castiglione d'Órcia
2
Sarteano
79
Città d. Pieve
Piegaro
A1
Campiglia
143
Cetona
Autostrada del Sole
Castel Piano
Radicófani
(780)
67
Piazze
Monteleone d'Orvieto
Marsc
1738
M. Amiata
Abbadia S. Salvatore
S. Casciano dei Bagni
Fabro
2
Piancastagnáio
Ficulle
S. Fiora
Saragiolo
Lago di S. Casciano
Via Cássia
F. Paglia
71
Castell' Azzara
Castel Viscardo
Acquapendente
Castel Giórgio
ORVIETO
Orvieto
829
2
74
(325)
Sorano
Grotte di Castro
S. Lorenzo Nuovo
Porano
3
Onano
49
Baschi
Sovana
Monti Volsini
Castiglione in Tev.
74
489
Bolsena
Lubriano
Pitigliano
Grádoli
Bagnorégio
Látera
Lago di Bolsena
S. Michele in Teverina
71
Graffignano
Valentano
Ísola Bisentina
Celleno
Farnese
Capodimonte
Montefiascone
Íschia di Castro
Marta
Grotte S. Stéfano
Piansano
(561)
Via Cássia
Fèrento
312
Bomarzo
Canino
Vitorchiano
F. Fiora
Arlena di Castro
Bagnáia
Ponte dell' Abbadia
Vulci
Tuscánia
Soriano nel Cimino
(166)
VITERBO
(326)
S. Martino al Cimino
851
Montalto di Castro
Monti Cimini
5
Nórchia
Lago di Vico
507
F. Marta
Vetralla
(300)
Caprarola
1bis
1
51
Blera
Tarquínia
(230)
(230)
Ronciglione
Monte Romano
Barbarano Romano
Sutri
2
Marina Velca
Caprànica
Tarquinia Lido
Veiano
F. Mignone
la Farnesiana
Bassano Romano
493
E80
Allumiere
Oriolo Romano
6
Via Aurelia
10
Tolfa
Manziana
Trevignano Romano
CIVITAVÉCCHIA
Bagni di Stigliano
Bracciano
Lago di Bracciano
164

CAMAIORE
B
C
1
2
3
4
5
6
A
LE PIANORE
SANTA LUCIA
CAPEZZANO
PIEVE
Monte Pedone
TORCIGLIANO
FIBBIANO
PEDONA
PONTEMAZZORI
NOCCHI
MONTEMAGNO
GOMBITELLI
ORBICCIANO
MIGLIANO
Mommio Castello
Mommio Piano
Bargecchia
Stiava
Gualdo
Valpromaro
PIAZZANO
Conca di Sotto
Montramito
Fibbialla
Pieve a Elici
STABBIANO
LE FOCETTE
IL SECCO
LIDO DI CAMAIORE
FOSSA DELL'ABATE
VIAREGGIO
Viareggio-Camaiore
Bonifica
San Rocchino
Massarosa
di Massarosa
Miglianello
Massarosa
CHIATRI
Bozzano
Monte Quiesa
Quiesa
Compignano
Massaciuccoli
PONTE SAN PI
ARLIANO
le Corti
BALBANO
Viale dei Tigli
Via Aurelia
Fossa di Camaiore
la Piaggetta
Villa Puccini
Villa Orlando
Marina di Torre del Lago
TORRE DEL LAGO PUCCINI
Lago di Massaciuccoli
CASTIGLIONCELLO
Filettole
Macchia
di
Migliarino
Parco
Naturale
COLOGNOLE
Monte Bastione
PATRIGNONE
Migliarino
Vecchiano
AVANE
Nodica
Malaventre
ARENA
PONTESSERCHIO
Pisa Nord
METATO
SANT'ANDREA IN PESCAIOLA
ORZIGNANO
Macchia di San Rossore
Torre Riccardi
Migliarino
Fiume Serchio
Isola
GELLO
MARE
Migliarino-
Sterpaia
Madonna dell'Acqua
Fiume Morto
Tenuta Gombo
di
Cascine Vecchie
S. Rossore-
Campanile
Duomo
Orto Botanico
Museo
BARBARICINA
San Rossore
LIGURE
Massaciuccoli
Cascine Nuove
la Palazzina
SAN GIUSTO IN CANNICCI
PUTIGNANO
LA VETTOLA
Pisa Centro
Aeroporto di Pisa-San Giusto
Bocca d'Arno
Fiume Arno
SAN PIERO A GRADO
MARINA DI PISA
Castagnolo
Podere Gorizia
Podere Gradisca
Tenuta
di
Tombolo
Lido
PALAZZI
Tenuta di Coltano
TIRRENIA
Canale dei Navicelli
Livorno
2km
CALAMBRONE
Collesalvetti

LUCCA
CAPÁNNORI
Porcari
Montecarlo
Villa Basílica
SAN GIULIANO
Terme
Calci
Buti
Vicopisano
Biéntina
CÁSCINA
Calcináia
PONTEDER
Santa Maria a Monte
Pontsacco
Monte Pisano
Monte Serra
Monte del Carrara
Monte Faeta
Tempagnano di Diécimo
San Donato
Domazzano
Torcigliano
Gugliano
Aquilea
Torre
Mastiano
Querce
Cappella
Arsina
PIAGGIONE
PIEVE DI BRANCOLI
PIAZZA DI BRANCOLI
OMBREGLIO
DECCIO DI BRANCOLI
VINCHIANA
Monte Pietra Pertusa
Romitório
Pontoro
Pariana
Pietrabu
Duomo
Monte a Pèscia
Villa Garzoni
COLLODI
PONTE A MORIANO
SAN CONCORDIO DI MORIANO
Palmata
COLLE
Valgiano
MATRÁIA
SAN PIETRO A MARCIGLIANO
PETROGNANO
SAN COLOMBANO
Villa Mansi
TOFORI
SEGROMIGNO IN MONTE
SAN GENNARO
Parco di Pinocchio
Torrente Freddana
Torrente Pescia
Fiume Serchio
MARLIA
Mutigliano
SAN QUÍRICO DI MORIANO
PIÁGGORI
Villa Torrigiani
Ponte all Abate
Castellare
SAN PIETRO A VICO
LÀMMARI
GRAGNANO
LAPPATO
Pórtici
CARIGNANO
MONTE SAN QUIRICO
SANTÍSSIMA ANNUNZIATA
SEGROMIGNO IN PIANO
LE PIANACCE
San Martino in Colle
LUNATA
SAN VITO
ZONE
BORGONUOVO
NAVE
SAN DONATO
Anfiteatro Romano
Museo Nazionale
ANTRACCOLI
Duomo San Martino
Lucca S. Donato
SORBANO
TORINGO
PAGÁNICO
Marginone
Fabbri
MEATI
SOMMA
POZZUOLO
Lucca
Capannori
PONTETETTO
PAREZZANA
CARRÁIA
Badia Pozzevéri
Altopáscio
SAN MICHELE IN ESCHETE
VERCIANO
SAN QUIRICO
COLÓGNORA
GUAMO
SAN GINESE
SAN LEONARDO
SAN LORENZO A VÁCCOLI
BADIA CANTIGNANO
MASSA MACINÁIA
VALLE SAN GIUSTO DI CÓMPITO
COLLINA
Canale Rogio
VORNO
SANT'ANDREA DI CÓMPITO
PIEVE DI CÓMPITO
CIMA DI VORNO
Orentano
Colombai
COLLE DI CÓMPITO
RUOTA
Nardoni
CASTELVÉCCHIO
Ponte del Téglio
AGNANO
Tre Colli
Castelmaggiore
Tavoláia
Gabella
Puntone
Cascine
MEZZANA
RÍPOLI
Montemagno
Certosa di Pisa
Castèl di Nocco
CAMPO
Sant'Iácopo
Quattro Strade
SAN IACOPO
MUSIGLIANO
Caprona
PETTORI
SAN LORENZO ALLE CORTI
Uliveto Terme
SAN CASCIANO
Lugnano
Cucigliana
San Giovanni alla Vena
Montecálvoli
NAVACCHIO
SAN FREDIANO
SAN BENEDETTO
TITIGNANO
VISIGNANO
SAN PRÓSPERO
SAN LORENZO A PAGNÁTICO
MARCIANA
Fornacette
Sottili
Ferrucci
I CASINI
Museo Piaggio
LA ROTTA
CHIESANOVA
Canale Emissario
LATIGNANO
SANTO STÉFANO A MACERATA
la Fonte
SANTA LUCIA
la Borra
la Cava
GELLO
TREGGIAIA
Canale Scolmatore
Grecciano
Lavaiano
Vicarello
Valtriano
Lavoria
Cenáia
Riserva
Póggio Adorno

Fibbialla
Medicina
Pietrabuona
Malócchio
Goraiolo
Marliana
(475)
749
579
Pagliaine
Càsore del Monte
Castagno
SAN GIORGIO
Villa Tirioli
la Vérgine
PONTELUNGO
Castellina
BARILE
SPAZZAVENTO
Canfittori
633
302
Serravalle
Pistoiese
(182)
435
E 76
COLLINA
RÁMINI
Cozzile
(411)
Péscia
(62)
Massa
(223)
Grotta Maona
Vico
Ponte di Serravalle
Uzzano
(275)
Margine Coperta
Montecatini
Terme
(27)
Montecatini Alto
A 11
"Serravalle"
Buggiano
(41)
Pieve
a Niévole
(26)
Vinacciano
Santa Lucia
Fornaci
Alberghi
Borgo a Buggiano
Grotta Parlanti
492
Monsummano
Terme
(20)
Grotta Giusti
Cantagri
Casal
San Piero in Campo
Traversagna
Molino Nuovo
San Salvatore
Chiesanuova
Terzo
Montevettolini
Albinàtico
Cintolese
Cécina
Chiesina Uzzanese
Ponte Buggianese
(18)
Chiesina
Uzzanese
(20)
Uggia
Marginone
Pazzere
Biccimuri
Larciano
San Rocco di Larciano
Altopáscio
Anchione
Altopáscio
(19)
Capannone
Spianate
Puntoni
Caselletto
Póggio Argentale
Padule di Fucécchio
Ferretto
Querce
Mastromarco
Villa Campanile
Gelsa
Massarella
Stàbbia
Lazzeretto
Galleno
Pinete
Ponte di Masino
Nardi
Torre
le Vedute
Morelli
436
Cerreto Guidi
(124)
Toiano
Riserva Naturale
Stàffoli
Póggio Adorno
Ponte a Cappiano
le Corti
Póggio Tempesti
Casa Mezzacosta
Corliano
Montefalcone
Fucécchio
(25)
Colle Alberti
Ripoli
VITIANA
PAGNANA
Casa Mezza Strada
Casa Bubbo
San Pierino
Bassa
MARCIGNANA
ISOLA
Róffia
Castelfranco
di Sotto
(16)
Santa Croce
sull'Arno
(16)
Callone
San Romano
Canale Usciana
Fiume Arno
CATENA
67
SAN MINIATO BASSO
SCALA
PONTE A EGOLA
Angelica
CÍGOLI
PÓGGIO
Capanne
SAN MINIATO
(156)
126
Calenzano
Póggio a Ísola
Castèl del Bosco
STÍBBIO
Montópoli
in Val d'Arno
(119)
Palágio
MARZANA
Canneto
Varramista
il Pino
CASALE
San Quintino
138
CUSIGNANO
2km
Casa Cerretello
Marti
(166)
Monte Bicchieri
LA SERRA
Sorrezzana
193
Corniano
189
MONTECASTELLO
la Casetta
Acqua Buona
BUCCIANO
SAN GIOVANNI A CORAZZANO
Campriano
San Gervásio
BALCONEVISI
Torrente Egola
Mellicciano
LÉCCIO
134
Usigliano
Coiano
Montacchita
Gello
Montoderi
Casastrada
Barbialla

STOIA
D
E
F
Fognano
Albiano
Montale
Fornacelle
Villa Barone
CERRETO
la Briglia
la Tignámica
Monte
l'Isola
Fábio
Meretto
Faltugnano
Seccia
SANTOMATO
PONTENUOVO
CHIESINA MONTALESE
SANT'AGOSTINO
FORNACE
BORGHETTO
LE QUERCI
Bagnolo
FIGLINE
Montemurlo
Agliana
CHIAZZANO
SANTA LUCIA
NARNALI
MALISETI
COIANO
SAN MARTINO
ONTESECCO
BOTTEGONE
San Michele
GALCIANA
FILETTOLE
PRATO
A 11
E 76
66
Torrente Ombrone
Prato Ovest
CASALE
Museo di Pittura Murale
Duomo
Stadio
Barba
Pontássio
Valenzatico
Vignole
Olmi
SAN PIETRO -IOLO
PONZANO
PIZZIDIMONTE
LA QUERCE
Casini
-SANT'ANDREA
CAFÁGGIO
MEZZANA
Montemagno
Quarrata
la Catena
Prato Est
Bisenzio
TÁVOLA
PAPERINO
SANTA MARIA
Baronto
Bracalli
Montorio
Tizzana
COLÓNICA
CAPALLE
Burlano
Seano
Poggetto
Póggio
Castelnuovo
Porciano
orécchio
Carmignano
Villa a Caiano
Medicea
CAMPI BISÉNZIO
A 1
E 35
A 11
Bacchereto
la Serra
Colli Alti
SAN PIERO A PONTI
18
Santa Cristina a Mezzana
Lécore
San Máuro a Signa
SAN DONNINO
Faltugnano
Montalbano
Villa Medicea
Comeana
Artimino
Válico
Verghereto
San Miniato
Signa
SAN COLOMBANO
BADIA A SETTIMO
Vitolini
Lastra a Signa
San Martino in Campo
Porponi
Porto di Mezzo
Póggio alla Malva
67
Ponte a Signa
VIOTTOLONE
Ansano
Castra
Brucianesi
Calcinaia
Sant'Ilário
CASELLINA
Capráia e Limite
Pulignano
RINALDI
Collegonzi
Limite sull' Arno
Castellina
San Vito
Malmantile
Brícoli
SAN MARTINO ALLA PALMA
Capráia
Fiume Arno
Samminiatello
Tináia
Fibbiana
Marliano
Spícchio
CORTENUOVA
la Torre
Montelupo Fiorentino
ROVETA
MOSCIANO
Ambro-giana
la Luna
Inno
PONTORME
Sant'Ippolito
SANTA MARIA A MARCIOLA
PONSANO
Turbone
Sammontana
Cárcheri
Ginestra Fiorentina
Villanova
Coniglioio
POZZALE
San Donato Val di Botte
SAN VINCENZO A TORRI
SAN MICHELE A TORRI
Pulica
CASENUOVE
Botinácclo
Castiglioni
Torrente Pesa
Cerbáia
San Donato a Livizzano
Pisignano
MARTIGNANA
Torrente Virgini
Torrente Orme
Montagnana
Talente
Croce di Via
Argiano
Montepaldi
Montegufoni
Baccaiano
SANT'ANDREA
Coeliáula
Paterno
San Casciano in Val di Pesa
Fezzana
la Ripa
Poppiano
Granaiolo
Mándorli
Case Nuove
Gricciano
San Quírico in Collina
Montespértoli
Fiume Elsa
Cambiano
Ortimino
San Pietro in Mercato
Lucignano
Sala
Vallécchio
la Torre
San Pancrázio
Nebbiano
il Pero
Lunga
135
Fornacette
San Giusto
Castel-

San Piero a Sieve (207)
Trébbio
Cardétole
Borg
Monte Maggiore
916
617
Croci di Calenzano
581
Campomigliáio
San Pietro in Caságlia
Casone
Autostrada del Sole
Fisciano
Santo Stéfano a Cornétole
Faltona
Lutiano
Querciola
Tagliaferro
406
Secciano
818
670
Tassaia
520
Legri
Pieve
Torrente Carza
Póggiolo
Váglia (275)
Convento Monte Senário
281
Volmiano
Bivigliano
Carráia
Polcanto
Travalle
23
Paterno
521
302
Monte Morello
934
913
Monte Calvana
631
Caselline
Sommáia
Pescina
Fontebuona
914
San Donato
Morello
609
518
Vetta le Croci
Calenzano
Collina
Pratolino
Olmo
Settimello (108)
Castiglione
747
Cercina
Capella di Ceppeto
L'Opaco
QUERCETO
COLONNATA
Montorsoli
Montereggi
SESTO Fiorentino
(53)
PIAN DI SAN BARTOLO
Il Pratone
702
Firenze Nord
Villa Petráia
Aeroporto di Firenze-Peretola
QUINTO
TRESPIANO
65
Pian di Mugnone
Torrente Mugnone
Caldine
A 1
E 35
A 11
CASTELLO
Monte Múscoli
566
Valle
255
San Francesco
Fiésole
CAREGGI
LA LASTRA
SAN DOMÉNICO (295)
Ontignano
RIFREDI
FIRENZE
(49)
ACI
19
Compiobbi
UGNANO
MONTIGNANO
Ippodromo
Fortezza da Basso
Giardino dei Semplici
Stadio Comunale
SETTIGNANO
Mercato Centr.
Ospedale d'Innocenti
67
Monte Acuto
CINTÓIA
Duomo
Orsanmichele
Palazzo Vecchio
Galli. d. Uffizi
ROVEZZANO
Anchetta
Vallina
PONTE A GREVE
SOFFIANO
Palazzo Pitti
59
Candeli
SIGNANO
ARCETRI
183
Vícchio di Rimaggio
SCANDICCI
BADIA A RÍPOLI
Meoste
BAGNO A RÍPOLI
Terzano
SAN PIERO A EMA
SAN FELICE A EMA
PONTE A EMA
Certosa del Galluzzo (47)
GALLUZZO
RUBALLA (70)
OSTERIA NUOVA
SAN PÁOLO A MOSCIANO
CERTOSA
Firenze Sud
Pozzolatico
ANTELLA
Torre a
193
GIOGOLI
373
Firenze Certosa
San Gersole
GRÁSSINA
Bálatro
25
SAN DONATO IN COLLINA
Chianti
Montauto
Mezzomonte
Via Chiantigiana
Picille
Tavarnuzze
Montebuoni
Monteorivolo
Sant'Andrea a Morgiano
694
Chiesanuova
Rómola
Capannúccia
Póggio
Bagnolo
l'Ugolino
San Donatino
Torrente Ema
222
San Bartolomeo a Quarte
Pisignano
Sant'Andrea in Percussina
Faltignano
Terme di Firenze
Impruneta
(275)
Cigliano
350
Santo Stéfano a Tizzano
Monte
Croce di Via
Argiano
la Presura
Falciani
Petigliolo
San Polo in Chianti
Strada
Casciano di Pesa
San Casciano Sud
in Collina
Il Ferrone
Linari
Sant'Andrea di Luiano
Strada in Chianti
Calcináia
Sezzate
295
Mercatale
Novoli
Chiócchio
Cintóia
Póggio
Bibbione
Castello
Fattoria Scalari
Pancrázio
San ... la Collina
le Quattro Strade
Passo dei Pecorai
Carpignalle
670
Cintóia alta
136

D
E
F
San Lorenzo
Vícchio
(203)
Rabatta
(193)
Pilarciano
Vespignano
Piazzano
Rupecanina
Rostolena
Ampinana
Corella
Petrognano
682
San Godenzo
(404)
Fosso di San Godenzo
San Bavello
Sagginale
San Quírico
Cístio
15
551
67
Arliano
Campestri
San Martino a Scopeto
343
Bovino
Carbonile
Badia Agnano
Monte Campáccio
1018
Casale
Barbiana
Bricciana
Dicomano
(162)
837
Tamburino
(804)
Celle
Monte Giovi
992
Vicoferaldi
Fiume Sieve
il Palazzo
Petróio
744
Monte Mas
1365
2
720
Sandétole
Rincine
Contea
Londa
(226)
Brígida
Gáliga
Acone Sant' Eustáchio
18
134
Pianettole
San Leolino
Fornace
Monte Vadig
955
1070
Váldalena
Santa Maria Acone
Scopeti
Rugiano
Rata
Torrente Móscia
Caspriano
Moriccia
Fornello
Castiglioni
Vierle
Tigliano
Montebonello
Petrognano
Rúfina
(115)
Rimaggio
Cigliano
Poggio Nato Costato
Bucigna
1062
Dóccia
San Pietro a Strada
Pomino
Monte Cucco
1137
3
Molino del Piano
Casi
Masseto
Falgano
Madonna di Fossi
Montefiésole
Borselli
Castel Nuovo
Gualdo
998
Pievécchia
Bibbiano
Passo della Consuma
Nipozzano
Diacceto
916
70
Sieve
(91)
San Francesco
Monsecco
Ferrano
1060
Consuma
Pélago
(309)
Rosano
Lucente
Ristonchi
1098
San Prugnano
Vologñano
Altomena
937
1048
4
Paterno
Tosi
San Miniato in Alpe
Magnale
Carbonile
Pian di Melosa
1138
Montemignáio
352
Torri
Fontisterni
Pagiano
1261
Petriolo
Sant'Ellero
141
Riserva Naturale di Vallombrosa
Fornello
Donnini
Saltino
Vallombrosa
Monte Secchieta
1449
Pratomagno
Bombone
16
Pieve a Pitiana
Rifugio di Monte Secchieta
Monte Battiros
1076
Santa Maria
Rignano sull'Arno
(121)
1486
San Clemente
Croce al Cardeto
San Donato Fronzano
Cética
Fiume Arno
69
1446
Varco di Reggello
5
Léccio
1076
1357
Sant'Ágata
Pietrapiana
Bagno di Cética
Palazzolo
Poggio Uomo di Sasso
San Michele
i Pitti
Cancelli
Pontifogno
1537
Búrchio
Rota
267
Fognano
Reggello
Cáscia
(396)
1131
Gastra
1256
243
Incisa in Val d'Arno
(125)
Bagno a Cascia
Forli
Montanino
Menzano
Torrente Resco
1406
1516
Borri
alla Croce
Loppiano
Óstina
1281
Casamora
San Piero al Terreno
Cánova
2 km
Rocca Riccia
6
Brollo
Massa
208
Vággio
Pulicciano
San Miniato
Pian di Scò
(350)
la Lama
Górciti
Viesca
Matassino
133
137
Módine
San Clemente in Valle
San Martino a Toreggi
Ponterosso
Caspri
(281)

130
134
A
B
C
1
2
3
4
5
6
San Gervásio
Usigliano
Agliati
BALCONEVISI
Torrente Egola
A CORAZZANO
Mellicciano
LÉCCIO
Coiano
Montacchita
Fórcoli
Gello
Collelungo
236
Montoderi
Casastrada
Barbialla
Paláia
(240)
Collegalli
Baccanella
Álica
Villa Saletta
Partino
Renacchi
Capánnoli
(51)
l'Olmo
Toiano
la Collina
201
Casa Strambo
la Badia
Montefóscoli
Légoli
Álberi
Súghera
Mura
Tonda
Selvatelle
Parco Preistorico
Pratello
Libbiano
(238)
San Teodoro
Podere Strada
Casanova
Péccioli
(144)
Ghizzano
(190)
Castelfalfi
(272)
Madonna Serre
Montécchio
Torrente Róglio
Vignale
San Vival
Terricciola
(180)
Celli
382
Iano
439
Fábbrica di Péccioli
(188)
Montelópio
Cedri
(186)
Villa Pieve a Pitti
la Sterza
142
Palágio
Montignos
Pieve
46
le Grotte
175
San Donnino
Villamagna
(258)
320
Lajático
(205)
Vicarello
154
Cozzano
311
Fiume Era
Spedaletto
169
218
Montaperti
450
Orciático
(313)
San Cipriano
dir.
Uligna
203
Montebradoni
648
Volterra
(531)
Monte
458
Villa P
Voltráio
Duomo
Le Balze
483
Poggio la Croce
591
Montecatini Val di Cécina
(416)
Palazzo dei Priori
Villa delle Mónache
Strada del Vino
Roncolla
Casanuova
la Chiostra
Monte Terz
467
68
Fattoria Mocáio
Buriano
(245)
Mazzolla
141
Saline di Volterra
(72)
Casa Gáttera
307
204
Gello
Cerreto
Casa San Lorenzo
Ponteginori
Montegémoli
(212)
San Sebastiano
2km
Serra
Torrente Trossa
Prugnano
Pomarance
(370)
Querceto

131
135
Cambiano
Sala
Vallécchio
Ortimino
San Pietro in Mercato
Lucignano
San Pancrázio
Nebbiano
il Pero
Gigliola
Lungagnana
Dogana
Castelfiorentino
(50)
San Lorenzo
San Giusto a Monte Albino
Fornacette
Trecento
Lucardo
San Michele a Polvereto
Voltigiano
Bagnolo
Oliveto
Tresanti
Maggiano
Proferi
San Martino a Maiano
San Gaudénzio a Ruballa
Fiano
Petrazzi
Montebello
Marcialla
Noce
Nebbiano
San Lazzaro
Tavarnelle Val di Pesa
(378)
Varna
Pillo
Catignano
Canónica
Certaldo
(130)
il Pino
Santa Maria a Bagnano
Spoiano
Magliano
Pieve a Chianni
Badía a Cerreto
Semifonte
San Donnino
Barberino Val d'Elsa
(284)
Gambassi Terme
(332)
Sant'Andrea a Gavignalla
(196)
Sciano
Petrognano
San Vito
Fiume Elsa
San Benedetto
Pástine
Luiano
Villa del Monte
396
Montecarulli
Vico d'Elsa
Sant'Appiano
Cinci
204
Bosco Tondo
(253)
la Piazzetta
la Villa
Páncole
Ulignano
Sant'Andrea
Linari
San Martino
Castagno
(497)
Larniano
San Quirico
Pieve di Céllole
Cusona
Libbiano
Strada
Caságlia
GAVIGNANO
San Gimignano
Cortennano
POGGIBONSI
(116)
624 (324)
Riserva Naturale Castelvécchio
Póggio del Comune
Racciano
Monte Oliveto
Santa Lucia
Villa Pietrafitta
SAN LUCCHESE
Casa Culivardi
Bibbiano
Megognano
la Madonnina
San Donato
Montaúto
Monti
Monte Cúcchero
211
Sensano
Rovine Castelvecchio
380
CASTIGLIONI
Colle di Val d'Elsa
(141)
Area Prot. F. Elsa
Casa il Pozzo
Villa Piano
Borgatello
le Grázie
STÁGGIA
Pignano
Campíglia dei Foci
Convento di San Francesco
Sant'Andrea
232
(377)
Castèl San Gimignano
Boscona
Torre di Montemiccioli
Póggio ai Colli
Badía a Coneo
San Marziale
Gracciano dell'Elsa
463
366
Buliciano
Scarna
Ponte Santa Giulia
Fábbrica
Abbadia
Podere la Serra
Monte Pilleri
Quartáia
Mensanello
Casette
411
Strove
Lano
Lucciana
Villa del Tignano
Pieve Castello
Ponsano
Cavallano
Póggio di Caio
291
Dispensa di Tatti
Rufena
Scorgiano
Póggio Metato
la Farneta
Monti
Paurano
Collalto
Monte Soldano
547
556
Bufalaia
Maggiano
Cásole d'Elsa
(417)
393
Villa Santa Chimento
Pietralata
Casa San Donato
Querceto
Póggio ai Leg
663
la Cetin
Torrente Sellate
Pievescola
Fiume Cécina
Monteguidi
230
429
68
541
33
35

132
Mercatale
Novoli
Chiòcchio
Cintóia
Póggio To
787
Castello
Fattoria Monte Scalari
Bibbione
Sant'Ar
la Collina
le Quattro Strade
Passo dei Pecorai
Bargino
Carpignalle
670
Cintóia alta
Luciana
Testi
le Bolle
Póggio di Rugliana
701
Pergolato
Montefiridolfi
Vicchiomaggio
Greti
Rugliana
San Gaudénzio a Càmpoli
Verrazzano
Tavarnelle
Uzzano
Convertoie
Dudda
Bonazza
Fábbrica
Santa Maria Macerata
San Cresci
Canónica
Tracolle
Romita
Badia a Passignano
554
Monte-fioralle
Greve in Chianti
(236)
747
Ottavo
Sambuca
Ruffoli
Lucolena in Chianti
Pescina
le Corti
Morrocco
Rignana
Vigna-maggio
Cásole
Spoiano
Spicciano
Castello dei Rampolla
Vitigliano
222
Monte San Mi
Lámole
892
Antica Trattoria
383
Torrente Pesa
Panzano in Chianti
(498)
Montagliari
Campana
la Villa
Badiaccia a Montem
Tignano
San Leolino
Sala
San Donato
(418)
Sicelle
Madonna di Pietracupa
Piazza
Pieve di Panzano
Monte Querciabella
San Filippo
Via Chiantigiana
845
Cortine
487
Grignano
Monte Rotondo
Lucarelli
625
Piecorto
Olena
Volpáia
Castello di V
Cinciano
Oasi Lucarelli
Oasi Ricavo
Convento di Santa Maria
Castelvecchi
Isole e Olena
Riserva Naturale Bosco di Sant'Agnese
Ricavo
363
Pietrafitta
Monsanto
Lago di Cepparello
Villa
Póggio Cavallari
la Croce
Convento
Sant'Agnese
Macia Morta
648
429
632
Radda in Chianti
(530)
VIGNANO
CEDDA
Tombe Etrusche
Castellina in Chianti
(578)
Malafrasca
LUCO
TALCIONA
San Donatino
San Giusto in Sálcio
Castello Strozzavolpe
Póggio di Villole
Strada dei Castelli del Chianti
Cagnano
143
Trégole
Póggio San Po
Ama
San Polo in Rosso
LECCHI
307
Lilliano
San Fedele
Bibbiano
Fonterútoli
Póggio Serravalle
Torrente Arbia
620
SANTA LUCIA
STÁGGIA
Vagliagli
San Sano
Montelupo
San Leonino
Lódole
Castellina Scalo
Oasi Vagliagli
326
Petróio
222
Réncine
Isa
Busona
Lornano
408
225
Quercegrossa
Fornacella
Abbadia Isola
Corsignano
430
Monteriggioni
(274)
273
Pievasciata
Certino
Badesse
Poggiolo
Fagnano
Montaúto
Basciano
Pontignano
Catignano
Monte Mággio
671
345
Colle Ciupi
Monaciano
Via Chiantigiana
Uópini
334
LE TOLFE
Monte Liscai
Fungáia
Oasi Città di Siena
SANTA PETRONILLA
Larniano
Marmoráia
2km
Santa Colomba
MARCIANO
VIGNANO
Lucerena
Celsa
SIENA
Forte di Santa Barbara
il Campo
Palazzo Pubblico
Duomo
Pinacoteca
TUORLO
Castello delle Quattro Torri
la Cetina
MONTECAGNANO
138
414
LECCETO
VALLI
Val di Pugna
PRESCI

D
E
F
133
137
139
2
3
4
5
6
Figline
Valdarno
(125)
Pian di Scò
(350)
Castelfranco di Sopra
(281)
Loro Ciuffenna
(328)
San Giovanni
Valdarno
(134)
Terranuova Bracciolini
(156)
Montevarchi
(144)
Cavríglia
(281)
Gaiole in Chianti
(360)
Búcine
(249)
Castelnuovo
Berardenga
(351)
Palazzuolo
(578)
Pulicciano
Vággio
Viesca
Massa
San Miniato
Matassino
Faella
Ponterosso
Sant'Andrea a Campiglia
Pavelli
Gaville
Restone
Porcellino
Renacci
Piantravigne
Persignano
Treggiaia
Certignano
Caspri
Malva
Poggitazzi
Montemarciano
Gróti
San Clemente in Valle
Póggio di Loro
881
Casale
Chiassa
Grópina
Penna
Ville
San Donato in Avane
Meleto
Santa Bárbara
San Martino
Castelnuovo dei Sabbioni
Convento di Montecarlo
Parco Naz. Attrezzato di Cavriglia
Autostrada del Sole
Tasso
Cicogna
201
Ricásoli
Monastero
(281)
Montáio
Monte Maione
812
Molino Cammenata
Casa Consuma
Pestello
San Tommè
Levanella
Lévane
Montegonzi
Via Chiantigiana
Selvole
Badia Coltibuono
San Marco
Réndola
Caposelvi
Migliarina
Moncioni
Poggio Saracino
514
Mercatale Valdarno
Torre
l'Ospedale
Poggiolo
Ucerano
645
Galatrona
701
570
Barbíschio
Monte Verdi
439
Monte Calvo
838
Starda
San Leolino
Pogi
Castiglione Alberti
Strada dei Castelli del Chianti
Meleto
Riétine
Castagnoli
Nusenna
Solata
532
Capánnole
Badía
San Martino al Vento
Monte di Vielle
631
Linari
693
Fietri
655
Cennina
Poggio Grande
360
377
Torrente Ambra
San Vincenti
Dúddova
Gavignano
Ambra
San Régolo
Castello di Brólio
Rosennano
Montebenichi
555
San Martino
Póggio all'Olmo
533
Strada dei Monti Castelli del Chianti
345
Póggio Macchioni
Campi
590
la Pieve
Pietraviva
(267)
Badia a Ruoti
San Gusmè
San Felice
Villa a Sesta
Villa d'Arceno
Lago d'Arceno
318
la Selva
Viváio
Rápale
485
Cerreto
San Giusto alle Mónache
Bossi
Via Chiantigiana
San Vito
Castello di Montalto
Poggio delle Querciole
533
Palazzuolo Al
Barca
349
Monastero d'Ombrone
Abbadia Monastero
Monte Longo
516
Curina
Podere Capráie
Montechiaro
Pácina
Colonna di Grillo
349
Sestano
Casali
Montaperti
Guistrigona
D'ARBIA
Santa Maria a Dófana
Croce di Chiantino
Laticastelli
Poggio Capanne
629
Armaiolo
A 1
E 35
E 78
69
73
408
484
540

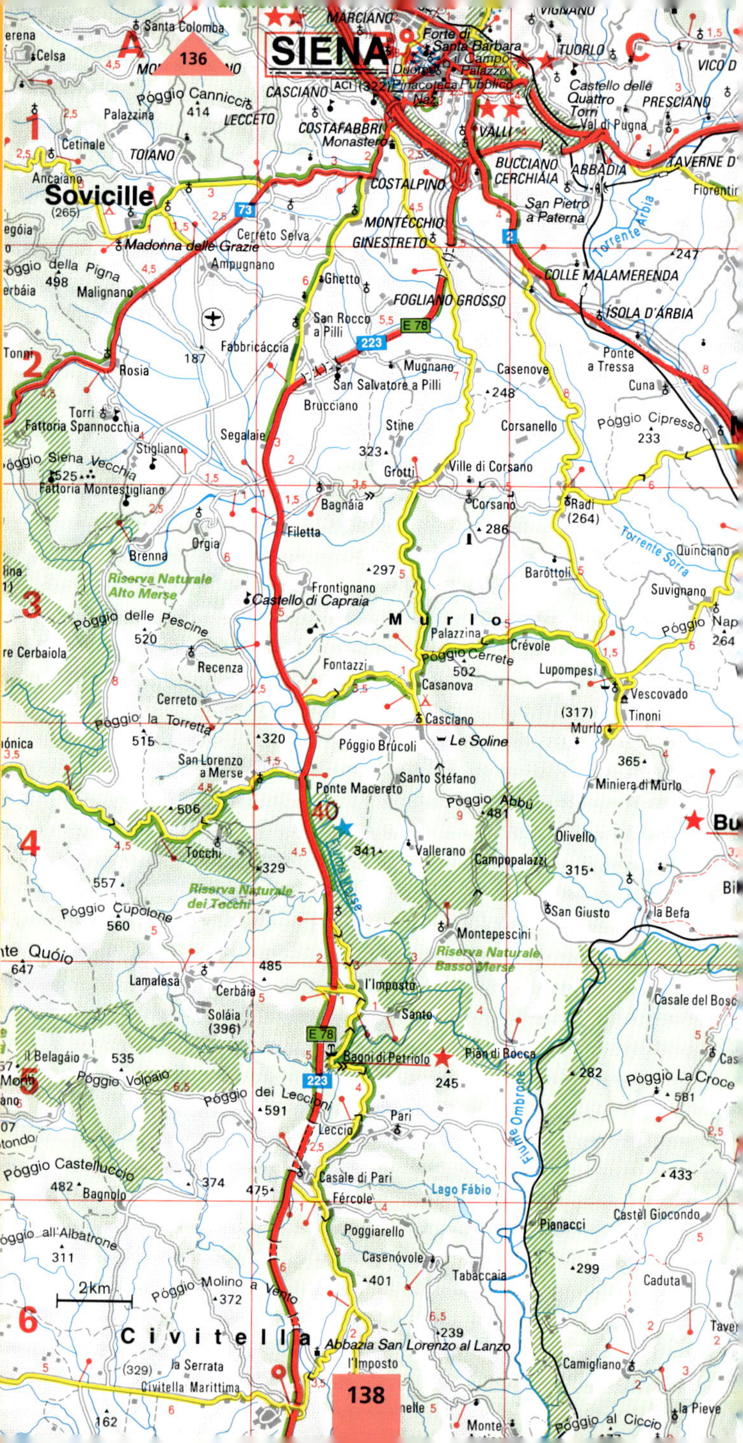
SIENA
136
138
A
C
1
2
3
4
5
6
Sovicille
(265)
Santa Colomba
Celsa
Póggio Canniccio
414
Palazzina
LECCETO
Cetinale
TOIANO
Ancaiano
Madonna delle Grazie
Cerreto Selva
Ampugnano
Póggio della Pigna
498
Malignano
Fabbricáccia
187
Rosia
Torri
Fattoria Spannocchia
Stigliano
Segalaie
Póggio Siena Vecchia
525
Fattoria Montestigliano
Brenna
Orgia
Riserva Naturale Alto Merse
Castello di Capraia
Póggio delle Pescine
520
Recenza
Cerreto
Poggio la Torretta
515
San Lorenzo a Merse
506
Tocchi
Riserva Naturale dei Tocchi
557
Póggio Cupolone
560
647
Lamalesa
Cerbáia
Soláia
(396)
485
Il Belagáio
535
Póggio Volpaio
Póggio dei Leccioni
591
Póggio Castelluccio
482
Bagnolo
374
475
Póggio all'Albatrone
311
Póggio Molino a Vento
372
2km
Civitella
la Serrata
(329)
Civitella Marittima
162
MARCIANO
Forte di Santa Bárbara
il Campo
Duomo
Palazzo
Pinacoteca
Pubblico
Naz.
CASCIANO
COSTAFABBRI
Monastero
COSTALPINO
MONTÉCCHIO
GINESTRETO
Ghetto
San Rocco a Pilli
FOGLIANO GROSSO
E 78
223
73
2
Mugnano
San Salvatore a Pilli
Brucciano
Stine
323
Grotti
Bagnáia
Filetta
297
Frontignano
Murlo
Palazzina
Poggio Cerrete
502
Fontazzi
Casanova
Casciano
Póggio Brúcoli
Le Soline
Santo Stéfano
Ponte Macereto
40
Póggio Abbù
481
341
Vallerano
Campopalazzi
Fiume Merse
Montepescini
Riserva Naturale Basso Merse
l'Imposto
Santo
Bagni di Petriolo
245
Pari
Leccio
Casale di Pari
Fércole
Lago Fábio
Poggiarello
Casenóvole
401
Tabaccaia
239
Abbazia San Lorenzo al Lanzo
l'Imposto
TUORLO
VICO D
Castello delle Quattro Torri
PRESCIANO
Val di Pugna
VALLI
BUCCIANO
CERCHIÁIA
ABBADIA
TAVERNE D'
San Pietro a Paterna
Torrente Arbia
247
COLLE MALAMERENDA
ISOLA D'ÁRBIA
Ponte a Tressa
Cuna
Casenove
248
Corsanello
Póggio Cipresso
233
Ville di Corsano
Corsano
286
Radi
(264)
Torrente Sorra
Quinciano
Baróttoli
Suvignano
Póggio Nap
264
Crévole
Lupompesi
Vescovado
Tinoni
(317)
Murlo
365
Miniera di Murlo
Olivello
315
San Giusto
la Befa
Casale del Bosco
Pian di Bocca
282
Póggio La Croce
581
Fiume Ombrone
433
Pianacci
Castel Giocondo
299
Caduta
Camigliano
Póggio al Ciccio
la Pieve
Monte

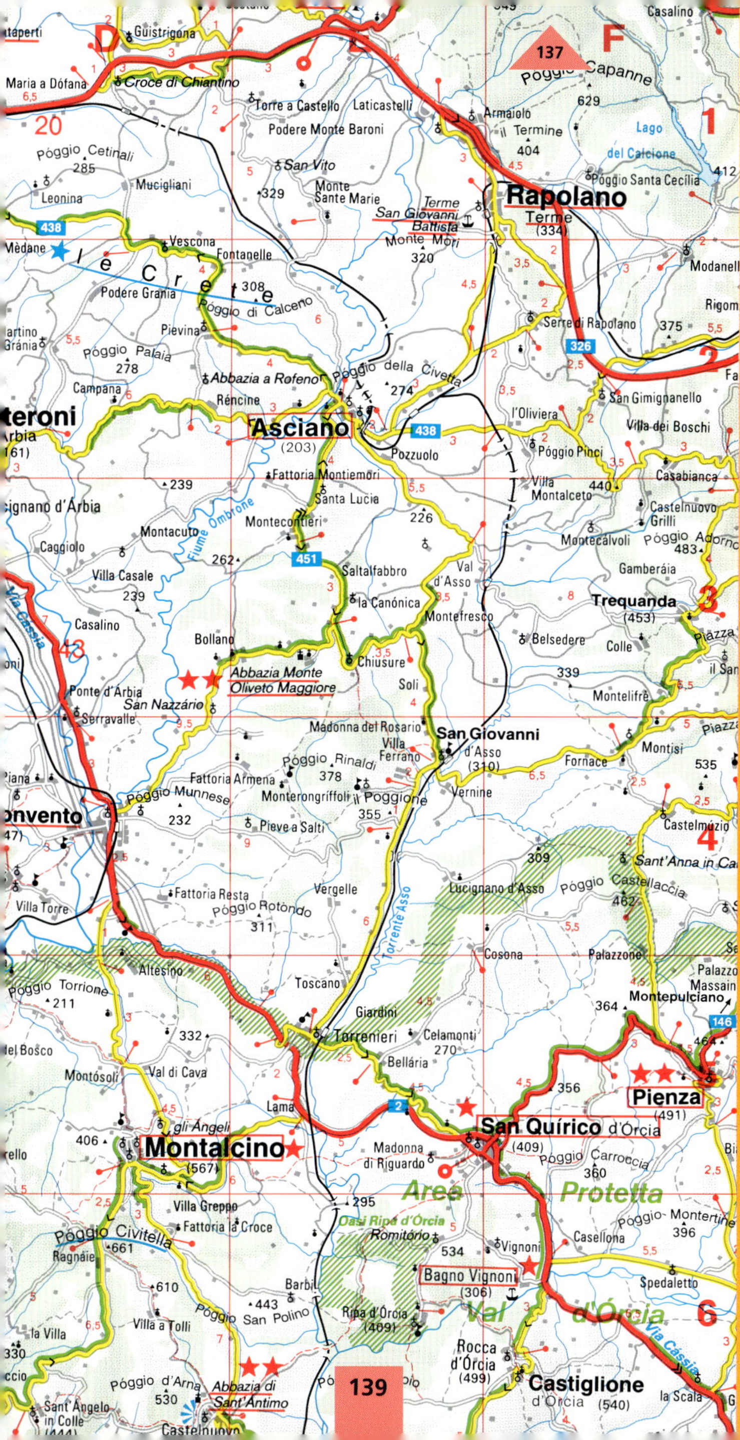

D
E
F
137
1
2
3
4
6
20
Guistrigona
Casalino
Maria a Dófana
Croce di Chiantino
Torre a Castello
Laticastelli
Armaiolo
Poggio Capanne
629
Podere Monte Baroni
il Termine
404
Lago del Calcione
Póggio Cetinali
285
San Vito
Poggio Santa Cecília
412
Mucigliani
329
Monte Sante Marie
Leonina
Terme San Giovanni Battista
Rapolano Terme
(334)
438
Médane
Vescona
Fontanelle
Monte Mori
320
Modanell
Le Crete
308
Podere Grania
Póggio di Calceno
Rigom
Pievina
Serre di Rapolano
375
Martino Grània
Póggio Palaia
278
Póggio della Civetta
274
326
Abbazia a Rofeno
Campana
San Gimignanello
Réncine
l'Oliviera
Asciano
(203)
Villa dei Boschi
Pozzuolo
Póggio Pinci
Fattoria Montiemori
Villa Montalceto
440
Casabianca
239
Santa Lucia
Castelnuovo Grilli
226
Montecontieri
Montacuto
Fiume Ombrone
Montecálvoli
Póggio Adorno
483
Caggiolo
262
451
Gamberáia
Villa Casale
239
Saltalfabbro
Val d'Asso
Trequanda
(453)
la Canónica
Montefresco
Casalino
Belsedere
Colle
Via Cássia
Bollano
Piazza
Chiusure
Abbazia Monte Oliveto Maggiore
339
il San
Ponte d'Árbia
Soli
Montelifrè
San Nazzário
Serravalle
Madonna del Rosario
San Giovanni d'Asso
(310)
Villa Ferrano
Montisi
Fornace
Póggio Rinaldi
378
535
Fattoria Armena
Vernine
Poggio Munnese
232
Monterongriffoli
il Poggione
355
Castelmuzio
Buonconvento
Pieve a Salti
309
Sant'Anna in Ca
Fattoria Resta
Vergelle
Lucignano d'Asso
Póggio Castellaccia
462
Villa Torre
Poggio Rotondo
311
Torrente Asso
Cosona
Palazzone
Altesino
Palazzo Massaini
Póggio Torrione
211
Toscano
Montepulciano
364
Giardini
146
332
Torrenieri
Celamonti
270
464
del Bosco
Bellária
Montósoli
Val di Cava
Pienza
(491)
356
Lama
San Quírico d'Orcia
(409)
gli Angeli
406
Montalcino
(567)
Madonna di Riguardo
Póggio Carroccia
360
Area Protetta
Villa Greppo
295
Oasi Ripa d'Orcia
Fattoria la Croce
Póggio Montertine
396
Casellona
Romitório
Póggio Civitella
661
Ragnáie
534
Vignoni
Bagno Vignoni
(306)
Spedaletto
Barbi
610
443
Poggio San Polino
Val d'Órcia
Via Cassia
la Villa
Villa a Tolli
Ripa d'Órcia
(409)
Rocca d'Órcia
(499)
330
Póggio d'Arna
530
Abbazia di Sant'Antimo
Castiglione d'Orcia
(540)
la Scala
Sant'Angelo in Colle
Castelnuovo
139

Im Register sind alle in diesem Führer erwähnten Orte und Ausflugsziele verzeichnet. Halbfette Seitenzahlen verweisen auf den Haupteintrag, kursive auf ein Foto.

Schreiben Sie uns!

Liebe Leserin, lieber Leser,

wir setzen alles daran, Ihnen möglichst aktuelle Informationen mit auf die Reise zu geben. Dennoch schleichen sich manchmal Fehler ein – trotz gründlicher Recherche unserer Autoren/innen. Sie haben sicherlich Verständnis, dass der Verlag dafür keine Haftung übernehmen kann. Wir freuen uns aber, wenn Sie uns schreiben.

Senden Sie Ihre Post an die MARCO POLO Redaktion,
Mairs Geographischer Verlag, Postfach 31 51, 73751 Ostfildern,
marcopolo@mairs.de

Impressum

Titelbild: (Focus: Bezjak)
Fotos: Bilderberg: Fuchs (17, 52, 90), Grames (2 u., 6), Horacek (4, 60); Focus: Bezjak (115); Hamann: Straiton (12); HB-Verlag (5 u., 42, 54); laif: Celentano (18, 72, 96, 98, 102), Eid (U. M., 55, 78, 82, 95), Henseler (15); Mauritius: Dumrath (66), Friedmann (25), Ligges (11), Vidler (30); H. P. Merten (2 o., 9, 42); D. Renckhoff (U. l., U. r., 1, 20, 22, 24, 26, 36, 47, 50, 58, 61, 74, 79, 100); Spiegelhalter: Schulte-Kellinghaus (35, 69); M. Thomas (5 o., 7, 29, 49, 64, 89, 92, 104)

Herausgeber: Ferdinand Ranft, Chefredakteurin: Marion Zorn
Lektor: Nikolai Michaelis, Bildredakteurin: Gabriele Forst
Kartografie Reiseatlas: © Mairs Geographischer Verlag/Falk Verlag, Ostfildern/Istituto Geografico de Agostini, Novara
Gestaltung: red.sign, Stuttgart
Sprachführer: in Zusammenarbeit mit dem Ernst Klett Verlag GmbH, Stuttgart, PONS Wörterbücher

Printed in Germany. Gedruckt auf 100% chlorfrei gebleichtem Papier

Bloß nicht!

Auch in der Toskana gibt es Touristenfallen und Dinge, die man besser meidet

Diebe in Versuchung führen

Gelegenheiten machen Diebe: Lassen Sie niemals Fotoapparate, Ferngläser, Jacken und Taschen oder irgendwelche Einkäufe sichtbar im Auto liegen – im verschlossenen Kofferraum ist alles sicherer verstaut! Auch Autoradios sollten, wenn möglich, vor dem Parken ausgebaut und weggeschlossen werden.

Den vollen Geldbeutel zücken

Vor allem in den Städten können Bettler manchmal eine Belästigung sein. Stecken Sie Geld und Papiere sicher weg – und kontrollieren Sie nicht alle paar Minuten unruhig, ob noch alles am Platz ist! Am besten trägt man immer einige Münzen für Almosen in der Hosentasche – niemals den vollen Geldbeutel zücken!

Träumen am Steuer

Träumen am Steuer ärgert den Berufstätigen hinter Ihnen; fahren Sie besser zügig und halten dafür öfter an, um die Landschaft zu genießen!

Unvorsichtig baden

Am Strand sollten Sie den Bademeistern unbedingt Folge leisten: Wenn die rote Flagge gehisst ist – bei hohem Seegang etc. –, sollten sich auch geübte Schwimmer nicht weiter als 10 m vom Ufer entfernen, denn die unter besonderen Bedingungen einsetzenden Unterwasserströmungen kennen nur die Einheimischen. Am Strand auch seicht erscheinende Ufer prüfen, ehe Sie kleine Kinder ins Wasser gehen lassen; an vielen Stellen gibt es schon in Ufernähe Strömungen und Priele. Auch beim Baden in Bachläufen sollten Sie sehr vorsichtig sein: Bei plötzlich einsetzenden Regenfällen können diese sich in Sekundenschnelle in reißende Wildwasser verwandeln.

Unfälle ohne die Polizei regeln

Bei jedem – auch dem kleinsten – Unfall sollten Sie die Polizei (Tel. 113, kostenlos) rufen, auch wenn Sie dadurch Zeit verlieren. Die Versprechungen Ihres Unfallgegners lösen sich in nichts auf, wenn Sie nach Ihrer Heimkehr ein Schreiben seines Anwalts mit einer ganz anderen Rekonstruktion des Geschehens – und meist erheblichen Forderungen – vorfinden.

Die Andacht stören

Kirchen und Klöster sollten Sie bitte nicht in unangebrachter Kleidung (kurze Hosen, bloße Schultern) betreten und während der Messen und Gottesdienste nicht reden, herumlaufen oder essen.